# FONDUE & FEUERTOPF

Einladen & genießen

Angelika Ilies

# FONDUE & FEUERTOPF

Gestaltung der Bildseiten:
Foodfotografie Eising

GU
GRÄFE
UND
UNZER

## Wichtiger Hinweis

Bei jedem Fondue- oder »Feuertopf«-Essen brennt unter dem Topf eine offene Flamme – und damit besteht Feuergefahr. Auch bei den modernen Rechauds mit Brennpaste; noch größer aber ist sie bei Spiritusbrennern.

Beim Ölfondue ist ganz besondere Vorsicht geboten: Überschwappendes Öl kann sich schnell entzünden. Achtung auch, wenn Kinder mit am Tisch sind!

Topf und Rechaud müssen gut zueinander passen, nur so stehen sie wirklich fest und können nicht umkippen.

Den Rechaud möglichst mit einem langen Streichholz anzünden, dabei auf Haare und weite Ärmel achten.

Gießen Sie niemals Spiritus oder Brenn- paste in den angezündeten Brenner nach. Erst alle Flammen löschen und den Brenner etwa 5 Minuten abkühlen lassen. Den Brenner dafür aus dem Rechaud herausnehmen.

Sollte doch einmal das Öl zu brennen beginnen, legen Sie rasch den Deckel auf den Topf. Niemals versuchen, brennendes Fett mit Wasser zu löschen, es würde explosionsartig hochspritzen. Erhitzen Sie niemals Öl oder Brühe im Caquelon, er könnte platzen. Lesen Sie die Gebrauchsanweisungen der Geräte – und bewahren Sie sie gut auf.

Beim Aufspießen härterer Zutaten auf die Fonduegabeln gut auf die Finger achten. Abrutschende Gabeln können sie verletzen.

# Inhaltsverzeichnis

# Vorwort

Mit Freunden oder mit der Familie am Tisch sitzen, klönen und allerlei Köstlichkeiten verspeisen – das verspricht höchsten Genuß. Werden die kulinarischen Feinheiten dabei direkt am Tisch gekocht, gesellen sich Gemütlichkeit und gute Laune hinzu, an der auch Sie als Gastgeber/in ganz entspannt teilhaben können. Seinen Ursprung hat das Fondue übrigens in der französischen Schweiz. Es war ein schlichtes Resteessen, einfach und preiswert: Die Bauern ließen trocken gewordenen Käse zusammen mit Wein und Gewürzen in einem Topf schmelzen, und dorthinein tunkten sie Brot. Daher stammt auch der Name, »fondre« ist das französische Wort für schmelzen.

Bei uns noch weniger bekannt, aber nicht weniger traditionell und fein, sind all die asiatischen Fonduevariationen, die »Feuertöpfe«. Die Zutaten garen nicht in Öl oder Käse, sondern in Brühe in einem speziellen Topf. Erfunden wurde der Feuertopf von den Mongolen. In ihm wurde in den Wintermonaten Brühe aufgekocht, und darin garte man Gemüse oder auch Lammfleisch. Heute wird der »Feuertopf« auch in anderen Regionen Chinas und Asiens serviert, in Hongkong gibt es sogar Restaurants, die sich ausschließlich auf den »Hot Pot« spezialisiert haben.

Ob beim Schweizer Fondue oder beim Asiatischen Feuertopf – jeder ist hier sein eigener Koch. Fleisch oder Fisch, Geflügel oder Wild, Obst oder Gemüse – Sie haben alles in Ruhe vorbereitet und angerichtet. Am Tisch nimmt jeder Zutaten nach seinem Geschmack mit langstieligen Spießchen oder Siebchen und tunkt sie in Öl, Brühe oder Wein, in Käse oder süße Schokolade.

In diesem Buch finden Sie eine Fülle von Rezepten für Fondue und »Feuertopf«. Klassiker reihen sich dabei an neue Ideen, mit denen Sie Ihre Gäste überraschen können: leichte und üppige, einfache und aufwendige, pikante und süße. Dazu gesellen sich Saucen und Salate, die den Genuß abrunden.

Lassen Sie sich anregen und verführen – schier endlos sind die Kombinations- und Zubereitungsmöglichkeiten mit Fondue und »Feuertopf«.

# Die Zutaten

Ihrer Phantasie sind bei Fondue und »Feuertopf« keine Grenzen gesetzt. Alles, was in Fett gebrutzelt, in Brühe oder Wein geköchelt wird oder was mit Käse oder Süßem überzogen gut schmeckt, können Sie auf den Tisch bringen. Und auch die Garflüssigkeiten können Sie immer wieder nach Lust und Laune abwandelt.

Schier unerschöpflich schließlich sind die Möglichkeiten, raffinierte Saucen und Salate zu servieren. Rezeptideen für allerlei selbstgemachte Beilagen finden Sie in diesem Buch auf den Seiten 56–59. Natürlich können Sie auch eigene Saucen- oder Salatkreationen servieren. Fehlt Ihnen die Zeit zum Selbermachen, kaufen Sie verschiedene Fertigprodukte wie Salatsaucen, gewürzten Ketchup, leichte Mayonnaise (die Sie im Nu nach eigenem Geschmack verfeinern können). Eingelegtes Gemüse wie Gurken, Paprikaschoten oder Maiskölbchen passen zum Fleisch- und Käsefondue, ebenso Früchte wie Mandarinen, Weintrauben oder Apfelspalten. Beilagen für alle asiatischen Fondues und »Feuertöpfe« bekommen Sie inzwischen in jedem Supermarkt, eine noch größere Auswahl finden Sie in Asienläden, die es in allen größeren Städten gibt. Lassen Sie sich dort ruhig beraten, und probieren Sie doch einmal Neues, Unbekanntes aus. Neben der inzwischen bekannten Sojasauce bieten sich beispielsweise Fischsaucen und Saucen sowie Dips aus fermentierten Bohnen an.

Alle Zutaten, die am Tisch zubereitet werden, sollten von erstklassiger Qualität sein. Nur dann reicht die kurze Garzeit aus.

*Fleisch* muß gut abgehangen sein, nur dann ist es zart. Sie müssen nicht immer teures Filet kaufen. Auch preiswerte Teile wie Schweinerippchen oder Innereien eignen sich bestens. Alle Fleischsorten können Sie verwenden: Rind, Schwein, Kalb und Lamm, Wild wie Reh, Hirsch oder Hase, Geflügel wie Pute, Huhn, Ente, Gans oder Wildgeflügel. Für weitere Abwechslung sorgen Innereien und die vielen verschiedenen Wurstsorten. Probieren Sie mit Speck umwickelte Leber oder ein Stück Fleischwurst, in heißem Fett knusprig gebraten. Für ein Fett-Fondue sollten Sie allerdings Kasseler und andere gepökelte Fleisch- und Wurstsorten meiden. Bei großer Hitze, und die ist beim Fondue ja nun mal vorhanden, entwickeln sich gesundheitsschädliche Nitrosamine.

Lustige Alternative zum Filet: Spießchen aus Fisch, Fleisch oder Gemüse. Die Zutaten klein würfeln und auf Holzspießchen reihen. Geeignet für Fondue und »Feuertopf«.

Für »Feuertöpfe« wird Fleisch in möglichst dünne Scheiben geschnitten. Am besten geht das, wenn Sie das Fleischstück zuvor im Tiefkühler leicht gefrieren lassen.
Fürs Fondue sollten Sie Fleisch gleichmäßig und nicht zu klein würfeln. So läßt es sich gut aufspießen, und es gart auf diese Art am besten.

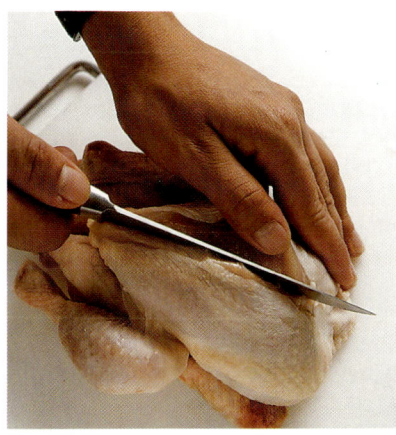

Bei Stubenküken und anderem kleinen Geflügel sollten Sie das zarte Brustfleisch von den Knochen lösen. Dafür mit einem scharfen Messer am Brustbein entlangschneiden, die Filets am Brustknochen entlang abtrennen.

Mini-Rouladen bieten Abwechslung. Verwenden Sie zartes, hochwertiges Fleisch, für das eine kurze Garzeit ausreicht. Die Röllchen mit Holzspießchen zustecken und auf die Fonduegabel stecken.

Raffinierte Variante für Fondue und »Feuertopf«: lockere Klößchen aus gehacktem Fleisch oder Fisch. Beim Formen die Hände immer wieder unter kaltes Wasser halten.

*Fisch und Meeresfrüchte* sollten fang-frisch sein und wunderbar nach Meer- oder Seewasser duften, aber keinesfalls nach Fisch riechen. Fragen Sie Ihren Fischhändler, was er an diesem Tag frisch bekommen hat, lassen Sie sich etwas empfehlen. Steht kein guter Fischhändler zur Verfügung, können Sie natürlich auch auf tiefgefrorene Ware zurückgreifen. Dafür wird der Fisch unmittelbar nach dem Fang auf Eis gelegt, er ist beinahe so fein wie frischer Fisch.

Am besten eignet sich Fischfilet. Bei den Sorten haben Sie die freie Wahl. Zarte Filets von Lachs oder Scholle eignen sich bestens für »Feuertöpfe« mit milder Brühe, für ein Fett-Fondue sollten Sie eher kräftigere Fischsorten wie Rotbarsch oder Makrele kaufen. Entfernen Sie vor der Verwendung sorgfältig alle noch im Filet versteckten Gräten.

Sehr kleine Fische können Sie auch im ganzen in Fett garen, beliebt ist diese Zubereitungsmethode in allen Mittelmeerländern.

Bei den Meeresfrüchten sind alle Arten Garnelen, Tintenfische und Muscheln sehr beliebt. Auch hier können Sie frische ebenso wie tiefgefrorene Produkte verwenden, für einige Zubereitungen eignen sich sogar Konserven.

In Fischfilets verstecken sich oft noch Gräten. Streichen Sie mit den Fingern vorsichtig über das Filet. Spüren Sie eine Gräte, ziehen Sie diese mit einer Pinzette heraus.

*Gemüse* macht jedes Fondue und jeden »Feuertopf« abwechslungsreicher und leichter. Ob Mais oder Spinat, Möhren oder Zucchini, Auberginen oder Broccoli – das Gemüse sollte stets frisch und knackig sein. Wasserreiche Sorten (zum Beispiel Gurken) eignen sich nicht fürs Fett-Fondue (es würde spritzen), im »Feuertopf« hingegen schmecken sie köstlich. Sehr festes Gemüse (zum Beispiel Bohnen) sollten Sie zuvor blanchieren, sonst wird es während des kurzen Bades im Fett oder in der Brühe nicht gar. Auch Pilze eignen sich ausgezeichnet fürs Fondue. Wichtig für jedes Fett-Fondue: Das Gemüse gut abtrocknen, damit es keine gefährlichen Spritzer gibt.

*Obst* muß so fest sein, daß es sich aufspießen läßt. Dann jedoch eignet es sich für alle Fonduearten. Probieren Sie in Fett ausgebackene Apfelschnitze, erwärmen Sie Ananasstücke in aromatischer Brühe, tunken Sie Birnenstücke in Schokolade oder ein anderes süßes Fondue. Früchte wie Äpfel, Bananen und Birnen sollten Sie gleich nach dem Aufschneiden in Zitronensaft wenden. Sonst verfärben sie sich während der langen Mahlzeit unappetitlich braun.

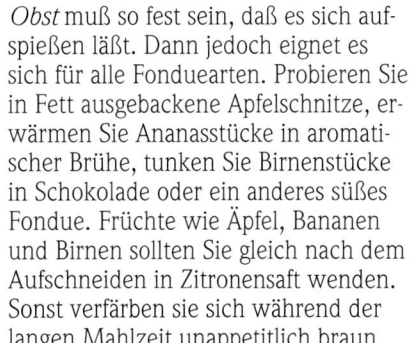

Möchten Sie feste Gemüsesorten wie Bohnen für einen »Feuertopf« verwenden, sollten Sie sie zuvor blanchieren. Sonst ist die Garzeit später in der Brühe zu lang.

Damit sich Früchte wie Äpfel, Birnen oder Bananen während der langen Mahlzeit am Tisch nicht braun verfärben, werden sie sofort nach dem Aufschneiden in Zitronensaft gewendet.

*Käse* ist natürlich der Hauptbestandteil vom Käsefondue. Die klassischen Sorten sind Gruyère (Greyerzer), Emmentaler und Freiburger Vacherin. Jedoch eignen sich auch allerlei andere Käsesorten für ein Fondue, beispielsweise Beaufort, Cheddar, Chester, Comté, Edamer, Gouda, Leerdamer, Fontina, Provolone, Brie und Camembert, sogar Korbkäse. Bevor Sie allerdings eine neue Sorte verwenden, sollten Sie einmal in Ruhe testen, ob diese Sorte gut schmilzt und sich zur cremigen Masse verarbeiten läßt. Besonders raffiniert: Mischen Sie verschieden alte Käse einer Sorte.

Fürs Käsefondue wird der Käse gleichmäßig klein gewürfelt oder grob geraspelt. So schmilzt der Käse am besten.

## Die Töpfe

Für alle Fondue-Arten gibt es die verschiedensten Töpfe in sehr unterschiedlichen Designs, Ausführungen, Qualitäten und Preislagen. Informationen über Töpfe für spezielle Fondue-Arten finden Sie in den einzelnen Kapiteln.

Die meisten Töpfe werden mit Rechaud und Brenner beheizt, ab und zu gibt es auch elektrisch betriebene Geräte. Diese sind teurer, bei ihnen sorgt ein Temperaturregler für konstante Hitze. Beim Kauf sollten Sie stets auf feste Griffe und eine gute Handhabung des Topfes achten. Er muß fest und sicher auf dem Rechaud stehen.

## Der Rechaud

Darauf wird der Fonduetopf auf den Tisch gestellt. Es gibt verschiedene Ausführungen, die jeden Geschmack treffen werden. Wichtig ist, daß der Rechaud genau zum Fonduetopf paßt und dieser wirklich fest und sicher darauf steht. Unter den Rechaud gehört oft noch ein Teller oder eine Platte, um Tisch oder Tischdecke zu schützen.

## Der Brenner

Mit ihm wird das Fondue am Tisch heiß gehalten. Für Feuertöpfe muß er ausreichend groß sein, sonst reicht die Hitze nicht, die Brühe auch wirklich am Köcheln zu halten.

Der Brenner muß sich gut handhaben lassen. Denken Sie daran, daß er später sehr heiß ist, Sie sollten ihn auch dann noch leicht aus dem Rechaud herausnehmen und nachfüllen können.

Lesen Sie vor der ersten Verwendung bitte genau die Gebrauchsanleitung.

*Brennpaste im Aluschälchen*

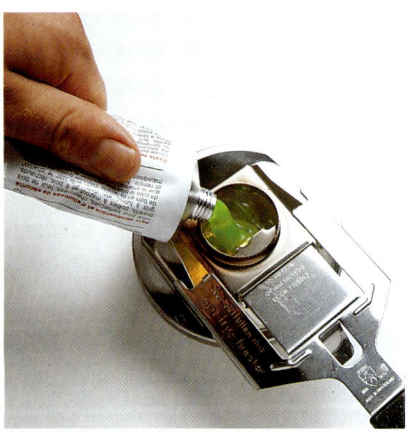

*Nachfüllen der Brennpaste*

*Durch Öffnen und Schließen des Brenners wird die Hitze reguliert.*

*Brenner mit Brennpaste* sind heute am weitesten verbreitet, sie haben die früher üblichen Spiritusbrenner verdrängt. Pastenbrenner sind einfacher zu handhaben und geruchsneutraler. Die Brennpaste befindet sich im kleinen Aluschälchen, das in den Brenner gestellt wird. Sie können die Schälchen einzeln nachkaufen oder mit Paste aus einer großen Flasche oder Tube auffüllen. Wie Sie das machen, zeigen die drei Aufnahmen auf dieser Seite.

*Spiritusbrenner* enthalten nichtbrennbare Glaswolle, die mit Spiritus getränkt wird. Sie geben die heißesten Flammen, sind aber nicht ungefährlich, und vor allem entwickeln sie einen störenden Geruch. Sie sind heute nur noch selten zu kaufen.

*Elektrisch beheizte Brenner* sind die sichersten, die Hitze läßt sich am besten regulieren, und sie arbeiten geruchslos. Allerdings sind sie selten und teuer.

*Gasbrenner* werden mit kleinen Gaskartuschen betrieben. Sie sind nur sehr selten im Handel.

*Die Regulierung der Hitze* geschieht beim Pasten- und Spiritusbrenner durch Öffnen und Schließen des Brenners. Je weiter die Löcher geöffnet sind, desto mehr Sauerstoff bekommt die Flamme, und desto stärker brennt sie.

Halten Sie gefüllte Ersatzförmchen, eine Flasche Brennpaste oder Spiritus zum Nachfüllen bereit. Eine Füllung brennt, je nach Größe der Flamme, nur etwa eine, höchstens aber zwei Stunden. Und wenn das Feuer während des Essens erlöscht, soll ja nicht gleich der ganze Spaß vorüber sein.

*Achtung:* Beim Nachfüllen von Spiritus oder von Brennpaste muß der Brenner stets vollständig erloschen und ausreichend abgekühlt sein. Erst dann anzünden, wenn Spiritus- oder Brennpastenflasche wieder verschlossen und weggestellt sind.

### Kochplatten

Wenn Sie eine einzelne elektrische Kochplatte (Elektroplatte, Induktionskochplatte) haben, können Sie auch darauf ein Fondue am Tisch zubereiten. Allerdings sind nicht alle Töpfe für Induktionsplatten geeignet. Lesen Sie bitte die Gebrauchsanweisungen von Topf und Platte.

### Drehkabinett

Einige Geräte sind mit einem praktischen Drehkabinett ausgestattet. An einem drehbaren Ring um dem Topf sind mehrere Halterungen und darin kleine Schüsselchen befestigt. Dort hinein werden Dips und Saucen gegeben, jeder kann sich problemlos daraus bedienen.

### Schüsseln

Hat Ihr Gerät kein Drehkabinett, sollten Sie ausreichend kleine Schüsseln zur Verfügung haben.

### Fonduegabeln

Sie dienen zum Aufspießen der Zutaten und zum Garen im Topf. Meistens haben sie zwei Zinken. Gabeln für Käsefondue sind manchmal mit drei Zinken ausgestattet, von diesen rutscht das Brot nicht so leicht herunter. Die Griffe müssen aus einem Material sein, das die Hitze nicht leitet. Meist werden Holz, spezieller Kunststoff oder ein nichtleitendes Metall verwendet. Praktisch sind Gabeln, die am Griff mit unterschiedlichen Farben gekennzeichnet sind – so findet jeder seine Gabel wieder. Pro Person reicht eine Gabel. Vorsicht beim Aufspießen der Zutaten, daß Sie sich nicht verletzen!

### Siebchen

Für »Feuertöpfe« sind sie unentbehrlich. Kleine und weiche Zutaten lassen sich mit Fonduegabeln nicht fassen, oder sie würden herunterrutschen. Die kleinen Metallsiebchen haben einen langen Griff. Es gibt sie in Haushaltswarengeschäften, Asienshops und in vielen Lebensmittelläden bei den asiatischen Zutaten. Wenn Sie keine Siebchen haben, müssen Sie sich auf Zutaten beschränken, die sich mit Fonduegabelnaufspießen lassen.

### Fondueteller

Diese Teller haben mehrere Fächer. In jedes können Sie eine andere Sauce oder Zutat hineingeben, sie vermischen sich nicht. Fondueteller gehören oft zu Sets dazu, Sie können Sie auch einzeln nachkaufen. Sie sind praktisch, aber nicht unbedingt notwendig.

Fondue und »Feuertopf« eignen sich bestens für die Bewirtung von lieben Gästen. Sie bereiten alle Zutaten rechtzeitig und in Ruhe vor; das nimmt freilich etwas Zeit in Anspruch. Wenn Ihr Besuch eintrifft, steht jedoch alles bereit. Sie können gemeinsam mit den Gästen das Mahl genießen, jeder ist sein eigener Koch.

## Gute Planung garantiert den Erfolg

Zu einem Fondue- oder Feuertopfessen sollten Sie nicht zu viele Gäste einladen. Aus einem Topf können bequem vier bis höchstens sechs Personen essen. Bei einer größeren Gästeschar sollten Sie einen zweiten Topf ausleihen, sonst kommt nicht jeder problemlos und bequem an den Topf heran, außerdem kühlen Fett oder Brühe zu stark ab. Die rechtzeitige Einladung mit der Bitte um ebenso rechtzeitige Zu- oder Absage ist für jede Gästebewirtung wichtig – sonst können Sie nicht planen. Schließlich sollen die Mengen ausreichen, es soll aber auch nicht unnötig viel übrig bleiben.

Machen Sie eine Einkaufsliste, beginnen Sie frühzeitig mit den Einkäufen, bestellen Sie gegebenenfalls Frisches vor.

## Hauptgericht und die Beilagen auswählen

Für welches der Rezepte Sie sich auch entscheiden – Sie können alle ganz nach Geschmack und Marktangebot variieren. Bei jedem Rezept sind Vorschläge für passende Beilagen und Saucen aufgeführt. Ergänzen Sie bei Zeitmangel Selbstgemachtes durch Fertigprodukte. Es werden ja allerlei fertige Dips und Saucen angeboten. Wenn Sie diese mit frischen Kräutern oder Gewürzen abschmecken und verfeinern, werden leckere Fonduebegleiter daraus. Durch andere Beilagen wie Brot, Gurken, Nüsse, Ketchup, Senf, Mixed Pickles, Chutneys, Meerrettich, eingelegte Maiskölbchen, Silberzwiebelchen wird jedes Fondue bestens abgerundet. Für alle asiatischen Fondues und »Feuertöpfe« gibt es passende Beilagen in Asienabteilungen von Supermärkten oder in Asienläden. Neben Sojasauce finden Sie dort viele raffinierte Saucen und Dips.

Achten Sie bei der Zusammenstellung der Zutaten stets auf geschmackliche und optische Vielfalt, wobei natürlich dennoch alles miteinander harmonieren sollte.

Sitzen Kinder mit am Tisch, lassen Sie beim süßen Fondue den Alkohol weg. Beim Käsefondue können Sie eine Variante ohne Wein oder Schnaps wählen. Allerdings verfliegt auch bei den anderen Käsefondues der größte Teil des Alkohols während des Kochens.

### Perfekte Zubereitung in aller Ruhe

Vieles für ein Fondue können Sie bereits am Vortag zubereiten. Saucen können angerührt, Fleisch kann mariniert werden. Wenn Sie erst am Tag der Einladung beginnen können oder möchten: Zuerst die Saucen zubereiten, die werden später nur noch durchgerührt. Auch das Marinieren von Fleisch, Fisch oder Geflügel kann frühzeitig geschehen.

Bereiten Sie dann aufwendige Zutaten wie Bällchen oder Röllchen zu. So spät wie möglich sollten Sie frisches Obst und Gemüse sowie rohen Fisch waschen, putzen und kleinschneiden. Bewahren Sie alles gut zugedeckt im Kühlschrank auf.

### Den Tisch passend decken

Bei Fondue und »Feuertopf« gibt es leicht Spritzer und Flecken. Legen Sie nicht Ihre beste Tischdecke auf, oder bedecken Sie diese zusätzlich mit dünner durchsichtiger Folie. Praktischer sind abwischbare Decken, beispielsweise aus farbiger Lackfolie. Ein buntes Angebot für jeden Geschmack finden Sie im Kaufhaus, Baumarkt oder Dekoladen, die Folie wird meterweise verkauft. Werfen Sie sie anschließend nicht weg – bestimmt gibt es bald einmal wieder ein

Fondue-Essen (oder ein Kinderfest). Der Topf (Fonduetopf, Feuertopf oder Caquelon) gehört stets in die Mitte des Tisches, damit jeder gleich gut an ihn herankommt. Bei elektrisch beheizten Geräten sollten Sie die Schnur mit Klebeband oder Klemmen am Tisch befestigen.

Jeder Gast bekommt einen gewöhnlichen Teller oder Fondueteller, bei asiatischen Speisen paßt ein Reisschälchen noch besser. Weiterhin bekommt jeder ein gewöhnliches Besteck sowie eine Fonduegabel. Eine Gabel pro Person reicht, schließlich gehört zum Fondue ja der gemütliche Genuß. Bei »Feuertopf«varianten werden statt Fonduegabeln die langen Metallsiebchen bereitgelegt, bei asiatischen Gerichten eventuell statt des Bestecks die typischen Holzstäbchen.

# Kochen für Gäste

### Die Zutaten bereitstellen

Legen Sie die Hauptzutaten wie Fleisch oder Gemüse auf Tellern oder Platten bereit. Dabei sollten Sie die Teller nicht zu voll beladen, halten Sie lieber noch einen oder zwei gefüllte Teller mit den gleichen Zutaten zugedeckt im Kühlschrank bereit. Stellen Sie möglichst zwei gleiche Teller bereit – einen rechts und einen links vom Fonduetopf. So kommt jeder bequem an die Köstlichkeiten heran.

Dips und Saucen werden in kleinen Schälchen auf den Tisch gestellt. Besonders praktisch sind Fonduegeräte mit Drehkabinett. Damit ist ein Herumreichen der Saucen überflüssig. Beilagen wie Salate oder Brot werden in größeren Schüsseln auf den Tisch gestellt. Möchten Sie warmen Reis als Beilage servieren, diesen in eine Schüssel füllen, die Schüssel zudecken und auf ein kleines Stövchen stellen.

### Das Mahl genießen

Als Gastgeber sollten Sie am Tisch ein wenig darauf achten, daß nicht zu viele Zutaten auf einmal in das Fett oder in die Brühe gehalten werden. Sonst kühlen Fett oder Brühe zu sehr ab, die Zutaten garen nicht richtig oder saugen sich mit Fett voll. Und Sie müssen unterbrechen, um Fett oder Brühe wieder zu erwärmen. Ohnehin ist ein Fondue-Essen eher ein gemütlicher, langandauernder Schmaus, bei dem zwischendurch immer wieder eine Klön-Pause eingelegt wird. So reduziert sich auch die Gefahr, daß zu üppigem Essen später ein unangenehmes Völlegefühl folgt.

### Die Mengen

Die Fondues und »Feuertöpfe« in diesem Buch sind fast alle für vier Personen berechnet. Für zwei Personen können Sie die Mengen ganz einfach halbieren, für sechs Personen erhöhen oder eine Variante zusätzlich zubereiten.

Die Mengen sollen natürlich ausreichen, aber auch nicht zu üppig bemessen sein. Es wird zwar meist etwas mehr gegessen als bei einem gewöhnlichen Mahl, das Essen soll aber auch nicht zur Völlerei verleiten.

Zusammen mit viel Gemüse oder anderen Beilagen reichen für vier Personen 600–800 Gramm Fleisch oder Fisch, mehr als 1 Kilogramm benötigen Sie auf keinen Fall. Stellen Sie lieber etwas weniger Fleisch, dafür mehr andere Zutaten bereit, so wird das Essen abwechslungsreicher, gesünder und zudem noch preiswerter. Auch bei den Beilagen sollten Sie nicht zu viel auswählen. Mehr als eine Saucen-Variante pro Person ist wirklich nicht nötig. Eine größere Auswahl kann zwar spannend, aber auch verwirrend sein.

Wenn Sie Reste einfrieren können, sind zu große Mengen kein Problem. Eine weitere Idee für Reste: Am nächsten Tag einen leckeren Eintopf daraus kochen.

### Getränke-Empfehlungen

Zu feinen Gästeessen wird am liebsten ein guter Wein entkorkt. Der Wein sollte dabei stets trocken sein, nur zu süßen Gerichten passen auch süße Weine. Legen Sie den Wein rechtzeitig kühl, Weißweine sollten bei etwa 12°, Rotweine bei etwa 16–18° getrunken werden.

Welchen Wein Sie wählen, ist natürlich Geschmacksache. Sind Sie bei der Auswahl unsicher, können Sie sich im Weinhandel beraten lassen. In einigen Läden können Sie den Wein sogar probieren – und das sollten Sie auch nutzen.

*Zum Fleischfondue* paßt, je nach Sorte und Saucen, ein kräftiger oder leichter trockener Rotwein (zum Beispiel ein badischer Spätburgunder) oder ein frischer trockener Weißwein (beispielsweise ein Chardonnay).

*Fischfondues* werden am besten von einem trockenen, spritzigen Weißwein (wie Grauburgunder/Pinot Grigio) begleitet.

Zu allen *asiatischen Speisen* passen Tee oder ein kühles Pils am besten. In Japan wird grüner Tee oder angewärmter Sake getrunken. Möchten Sie Wein servieren, sollten Sie einen leichten, spritzigen Weißwein (zum Beispiel einen jungen Riesling) oder einen Prosecco spumante wählen, auch Sekt oder Champagner passen.

*Zum Käsefondue* passen am besten Tee und ab und zu ein Gläschen Kirschwasser, das zudem die Verdauung anregt. In Graubünden wird Milchkaffee gereicht. Wein paßt ebenfalls, macht das Fondue jedoch schwerer verdaulich. Wenn Sie Wein dazu servieren, sollten Sie den gleichen anbieten, den Sie für das Fondue verwendet haben. Es sollte ein trockener, säurebetonter Weißwein (beispielsweise Fendant oder Neuchatel aus der Schweiz, Riesling, Chardonnay) sein, aber auch Apfelwein oder trockener Cidre passen.

Zu allen *süßen Fondues* können Sie Kaffee und Cognac oder Milch, trockenen Sekt oder Champagner servieren. Bei Wein können Sie eine Sorte mit ausgeprägter Restsüße wählen (wie eine deutsche Beerenauslese, französischen Sauternes, italienischen Rosenmuskateller).

## Saftig und knusprig: Fondues mit Fett

Knusprig braun und saftig gebraten kommen die Zutaten bei diesen Fondues aus dem heißen Fettbad. Lassen Sie sich verführen – vom klassischen Fondue bourguignonne (das Rezept zur Abbildung finden Sie auf Seite 22), von asiatischen Spezialitäten wie Tempura, von Preiswertem mit Hackfleisch oder Schweinerippchen, von Edlem mit Wild oder Geflügel. Bei jedem Rezept finden Sie Hinweise auf passende Beilagen. Allgemeine Tips zum Fett-Fondue stehen auf der nächsten Doppelseite.

# Das Fett-Fondue

Beim Fett-Fondue brät alles in Öl oder einem anderen stark erhitzbaren Fett. Mundgerecht zugeschnittene und andere vorbereitete Zutaten spießt man mit einer Fonduegabel auf und hält sie in das Fett, nach dem Braten tunkt man sie in einen Dip.

Für das Fett-Fondue gibt es Töpfe aus Email, verzinntem Kupfer, Edelstahl, Gußeisen, feuerfestem Glas. Achten Sie vor dem Kauf darauf, daß Topf und Gestell exakt zusammenpassen, damit der Topf später fest steht.

Der Topf muß hitzebeständig sein und soll die Hitze gut leiten. Eine sich nach oben verjüngende Form verhindert, daß Öl herausspritzt. Praktisch ist auch eine gezackte Metallmanschette, die auf den Topf gelegt wird. Sie dient als Spritzschutz für das Öl, somit der Sicherheit. Außerdem funktioniert sie als Gabelhalter: Jeder legt seine Fonduegabel in eine der Zacken der Manschette, dann fallen sie nicht durcheinander.

## Das richtige Fett

Verwenden Sie nur geschmacksneutrale Fette, die sich hoch erhitzen lassen, ohne zu verbrennen. Gut eignen sich raffinierte Speiseöle und feste Speisefette wie Erdnuß- oder Kokosfett. Oft sind diese speziell als Fritierfett gekennzeichnet.

Kaltgepreßte Öle und Olivenöl sind ungeeignet. Die darin enthaltenen wertvollen Fettsäuren verändern sich bei zu großer Hitze und werden gesundheitsschädlich. Auch Butter oder Margarine sind ungeeignet, sie verbrennen und spritzen.

Mischen Sie nicht verschiedene Fettsorten und kein altes und neues Fett, es könnte stark spritzen. Verwenden Sie das Fett nicht häufiger als dreimal. Nach jedem Gebrauch sollten Sie es durch ein mit Küchenpapier oder einer Filtertüte ausgelegtes Sieb laufen lassen, um gesundheitsschädliche Röststoffe zu entfernen. Bewahren Sie das Fett abgedeckt, kühl und dunkel auf. Gebrauchtes Fett bitte nicht einfach wegwerfen, schon gar nicht in den Ausguß gießen. Bringen Sie es zum Entsorgen zur Altölsammelstelle, oder füllen Sie es wenigstens in ein gut verschließbares Gefäß und werfen es in den Hausmüll.

Sie können das Fritierfett jedoch auch im Laufe der nächsten Wochen zum gewöhnlichen Braten in der Küche verwenden.

### Tips, damit Ihr Fett-Fondue problemlos gelingt:

• Verwenden Sie nur hitzebeständige Töpfe, am besten einen speziellen Fonduetopf. Auch gewöhnliche Edelstahl- oder Emailletöpfe können Sie nehmen. Keine Steinguttöpfe verwenden, die könnten platzen.

• Füllen Sie den Topf nur zur Hälfte mit Fett. Sonst kann es heraussprudeln, wenn Sie Zutaten hineingeben, und es könnte sich an der Flamme im Rechaud entzünden.

• Erhitzen Sie das Fett zuerst auf dem Herd. Es sollte 180° heiß sein, dann saugen sich die Zutaten nicht damit voll. Heiß genug ist es, wenn an einem Holzlöffelstiel kleine Bläschen nach oben steigen oder wenn ein kleiner Brotwürfel darin im Nu goldbraun wird.

• Das Fett aber auch nicht zu stark erhitzen. Es soll weder schäumen noch rauchen. Sonst verbrennen die Zutaten, bevor sie gar sind.

• Auch während des Essens muß das Fett ausreichend heiß bleiben, es muß stets leicht zischen, wenn Sie Zutaten hineingeben. Kühlt es einmal stärker ab, pausieren Sie eine Weile, damit es sich wieder aufheizen kann.

• Geben Sie am Tisch nie zu viele Zutaten auf einmal in das heiße Fett. Das Fett kühlt sonst zu stark ab, die Zutaten köcheln nur noch und saugen sich voll Fett.

• Die Zutaten müssen trocken sein, wenn Sie sie in das Fett geben. Sonst spritzt es, das herausspritzende Öl kann zu Verletzungen führen oder sich gar entzünden.

• Essen Sie nicht direkt von der Fonduegabel, die wird irrsinnig heiß. Sie würden sich die Lippen oder die Zunge verbrennen. Streifen Sie das Gegarte mit der normalen Gabel von der Fonduegabel auf dem Teller ab.

• Gegartes am Topfrand möglichst gut abtropfen lassen, so gelangt weniger Fett in Ihren Magen.

• Stellen Sie eventuell für jeden Teilnehmer einen kleinen Teller mit einer zusammengefalteten Serviette darauf bereit. Auf diesem können die gegarten Zutaten abtropfen. Die Serviette saugt eine Menge Fett auf, das Sie sonst mitessen würden. Fett-Fondue wird auf diese Art leichter und kalorienärmer. Die Servietten zwischendurch auswechseln.

# Fondue bourguignonne

Abbildung auf Seite 18

Zutaten für 4 Personen:
800 g Filetfleisch (nach Geschmack nur vom Rind oder gemischt von Rind, Kalb, Schwein, Lamm)
frische Kräuter und Kirschtomaten zum Garnieren
Fett zum Ausbacken

## Klassisch

Pro Portion etwa: 2400 kJ/570 kcal

Vorbereitungszeit: etwa 20 Minuten

**1.** Das Fleisch kalt abwaschen, gut abtrocknen und alle Sehnen sowie überschüssiges Fett abschneiden. Das Fleisch dann, nach Sorten getrennt, in mundgerechte Würfel schneiden und auf einer großen Platte anrichten. Mit Kräutern und Kirschtomaten garnieren.

**2.** Das Fett im Fonduetopf auf dem Herd erhitzen, auf dem Rechaud heiß halten.

*Am Tisch* spießt jeder mit seiner Fonduegabel Fleischwürfel auf und hält sie in das heiße Fett. Die Dauer hängt ab von der Fleischart, der Größe der Würfel und davon, wie gar Sie das Fleisch mögen. Unbedingt Salz- und Pfeffermühle bereitstellen.

## Passende Beilagen:
Stangenweißbrot oder Baguette. Eingelegtes Gemüse wie Mixed Pickles, Cornichons, Perlzwiebeln, rote Beten, Maiskölbchen, Senffrüchte. Frisches Gemüse wie Champignons, Zucchinischeiben, Paprikawürfel. Gemischter Salat oder Kartoffel-Gurken-Salat (Seite 58).
Dips und Saucen, zum Beispiel Curry-Quark-Dip (Seite 64), scharfe Zimtbutter (Seite 60), Chilidip (Seite 62).

# Gemischtes Fleischfondue

Zutaten für 4 Personen:
2 frische Maiskolben
Salz
1 rote Paprikaschote
250 g Zucchini
200 g Shiitake-Pilze oder Egerlinge
600 g gemischtes Fleisch (nach Geschmack Rind, Schwein, Kalb, Lamm, Geflügel; auch Innereien wie Leber)
200 g Wiener Würstchen
Fett zum Ausbacken

## Läßt sich gut abwandeln

Pro Portion etwa: 2900 kJ/820 kcal

Vorbereitungszeit: etwa 45 Minuten

**1.** Die Maiskolben putzen und waschen. In reichlich kochendem Salzwasser bei mittlerer Hitze etwa 15 Minuten köcheln lassen. Herausheben und in etwa 3 cm breite Stücke schneiden.

**2.** Die Paprikaschote und die Zucchini putzen, waschen und in Stücke schneiden. Die Pilze kurz waschen oder feucht abreiben und putzen. Das Fleisch kalt abbrausen, abtrocknen und mundgerecht würfeln. Die Würstchen ebenfalls würfeln.

**3.** Alle Zutaten auf Platten anrichten. Das Fett im Fonduetopf auf dem Herd erhitzen, auf dem Rechaud heiß halten.

*Am Tisch* spießt jeder mit seiner Fonduegabel die Zutaten auf und bäckt sie im heißen Fett knusprig aus.

## Passende Beilagen:
Stangenweißbrot oder Baguette, eingelegtes Gemüse, gemischter Salat, Krautsalat (Seite 58) oder Kartoffel-Gurken-Salat (Seite 58) und diverse Dips.

## Anregungen für Varianten:
• Für **Minirouladen** Rinderfilet in etwa ½ cm dicke Scheiben schneiden. Die Scheiben etwas flachstreichen. Mit Senf, Salz, Pfeffer und gehackter Petersilie würzen. Cornichons oder Gewürzgurken in feinen Streifen am unteren Ende darauf legen. Je 1 Maiskölbchen aus dem Glas dazulegen. Die Rouladen fest aufrollen und mit Holzspießchen zustecken.
• Für **Kalbsröllchen** dünne Kalbsschnitzel ausbreiten, flachdrücken, salzen und pfeffern. Mit dünnen Scheiben Parma- oder anderem Schinken belegen, üppig mit gehackten Kräutern bestreuen. Aufrollen, die Rouladen in 1–2 cm dicke Scheiben schneiden und diese quer auf Holzspießchen stecken.
• Für **Sesamwürfel** Schweinefilet mundgerecht würfeln. Mehl auf einen Teller streuen, salzen und pfeffern. Ein Ei auf einem zweiten Teller verquirlen, Sesamsamen auf einen dritten Teller streuen. Die Fleischwürfel erst im Mehl, dann im Ei und zuletzt im Sesam wenden.
• Für **würzige Spießchen** Schnitzelfleisch von Schwein oder Pute in 1–2 cm große Würfel schneiden. Einige Stunden im Kühlschrank in einer Marinade aus Öl, Knoblauch, Salz, Pfeffer und Kräutern, nach Geschmack auch feingehacktem Ingwer und Chili ziehen lassen. Je 3 oder 4 Würfel auf Holzspießchen reihen. Eventuell feine Knoblauchscheiben, dünne Zucchinischeiben oder blanchierte Lauchblätter dazwischen aufreihen.
• Für **Wurstbällchen** Bratwurstbrät mit gehackten Kräutern und Gewürzen (Knoblauch, Ingwer, Currypulver) verfeinern. Zu kleinen Bällchen formen. Sie können diese Bällchen auch zusätzlich in verquirltem Ei und dann in Semmelbröseln oder in gehackten Mandeln wälzen.

*Im Bild oben links:*
*Fleisch zum Gemischten Fondue*
*Im Bild oben rechts: Wurstbällchen,*
*darunter: Kalbsröllchen*
*Im Bild Mitte links: Sesamwürfel*
*Im Bild Mitte rechts: Minirouladen*
*Im Bild unten: Würzige Spießchen*

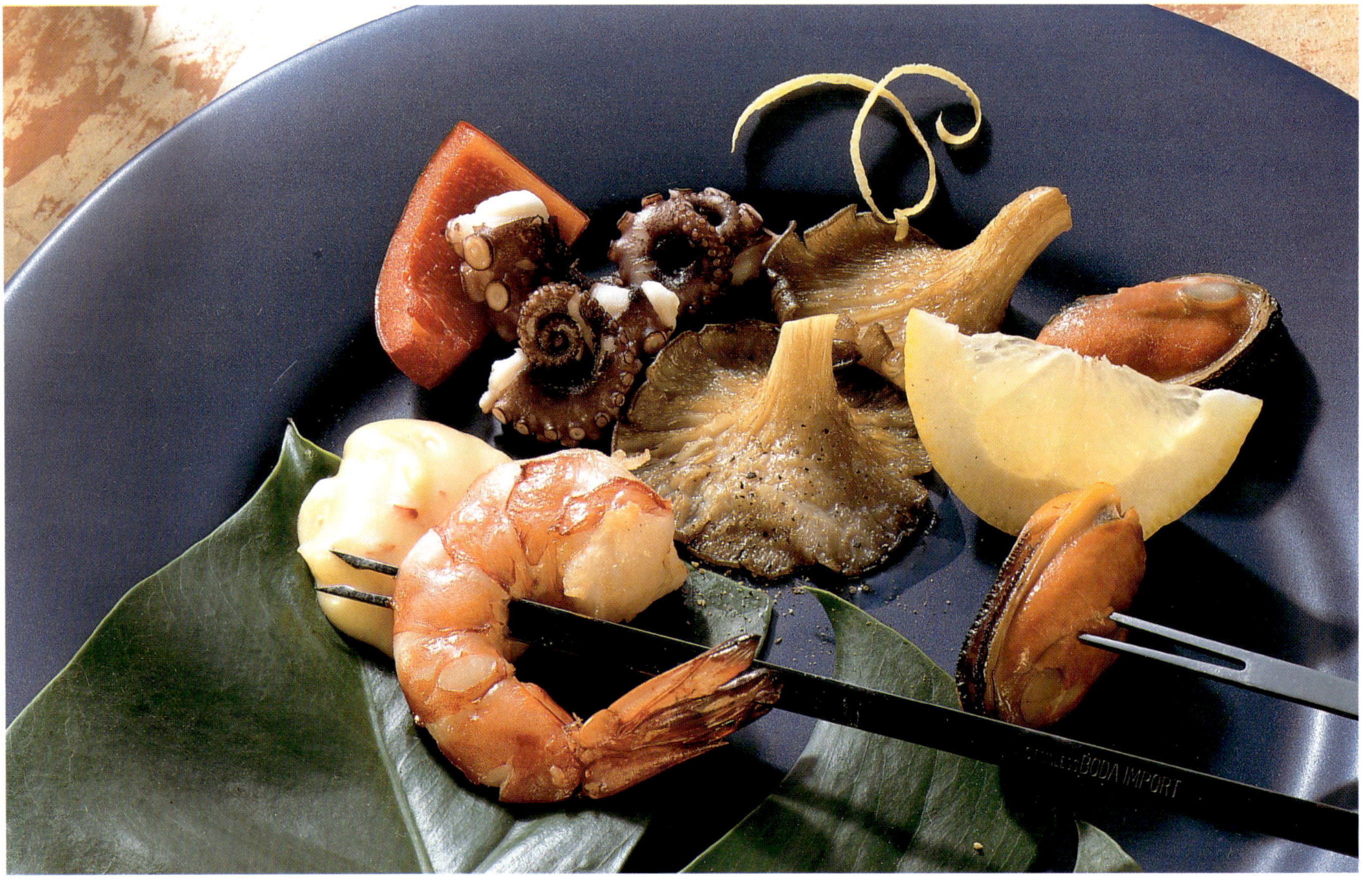
BODA IMPORT

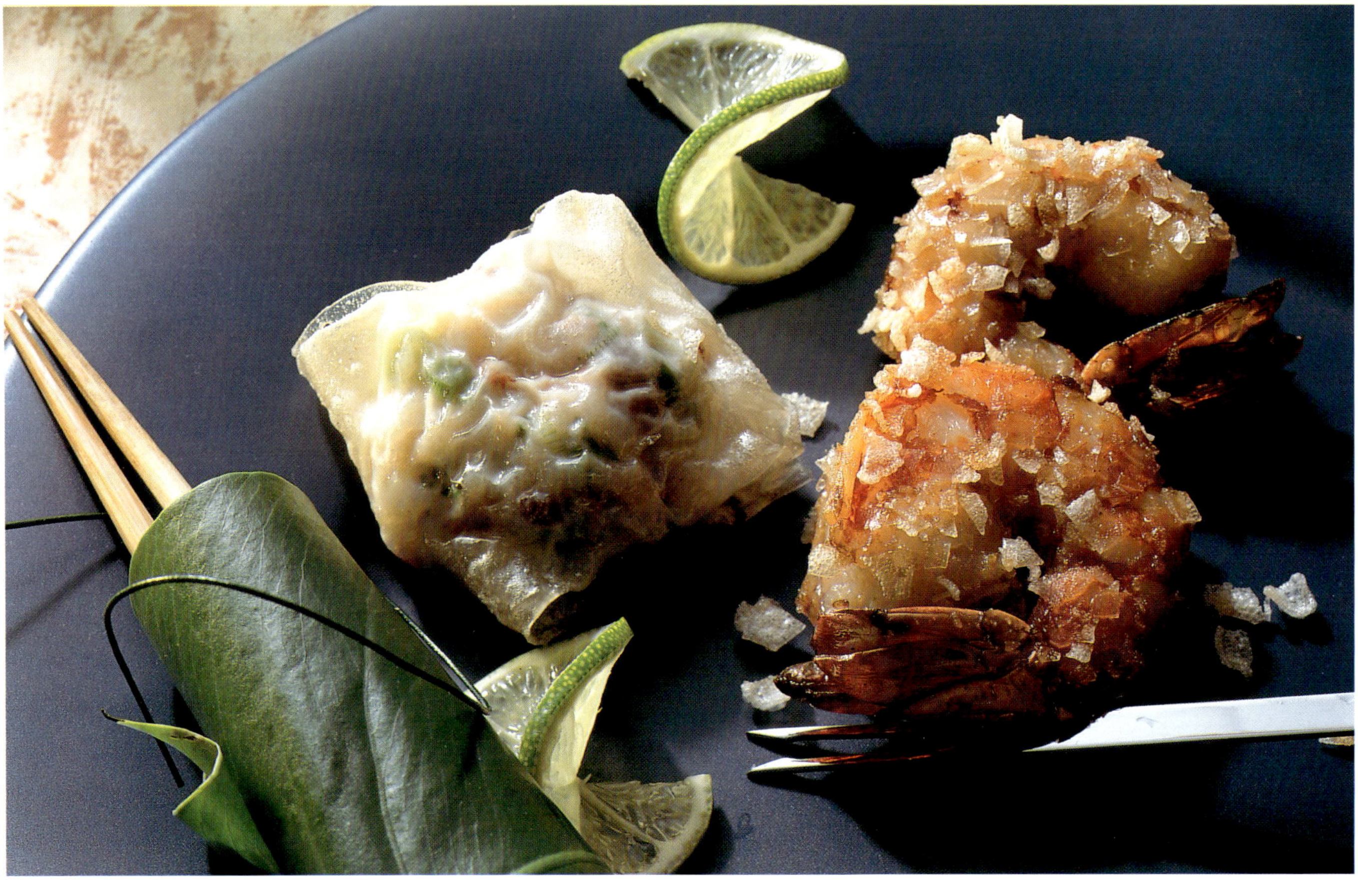

# Meeresfrüchte-Fondue

Zutaten für 4 Personen:
1 Sepia (etwa 250 g, oder anderer frischer Tintenfisch)
2 Knoblauchzehen
2 Eßl. Öl
2 Eßl. helle Sojasauce
weißer Pfeffer, frisch gemahlen
1 kg Miesmuscheln
⅛ l trockener Weißwein
2 Eßl. getrocknetes Suppengewürz
12 geschälte gegarte Riesengarnelen
300 g Austernpilze
2 rote Paprikaschoten
Zitronen zum Garnieren
Fett zum Ausbacken

## Festlich

Pro Portion etwa: 1700 kJ/400 kcal

Vorbereitungszeit: etwa 1 Stunde

**1.** Den Sepia waschen und putzen, alle harten Stellen wegschneiden. Den Sepia dann mundgerecht würfeln. Den Knoblauch schälen, zerdrücken und mit dem Öl, der Sojasauce und Pfeffer verquirlen, den Sepia darin wenden und marinieren.

**2.** Die Miesmuscheln gründlich waschen und abbürsten, geöffnete Muscheln wegwerfen. Den Wein mit dem Suppengewürz in einem breiten Topf aufkochen. Die Muscheln darin zugedeckt etwa 10 Minuten kochen lassen, bis sie sich geöffnet haben. Abgießen, nicht geöffnete Muscheln wegwerfen. Etwas abkühlen lassen, dann das Muschelfleisch aus den Schalen lösen. Einige Muschelschalen zum Garnieren aufbewahren.

**3.** Die Garnelen kalt abbrausen und abtrocknen. Die Austernpilze abreiben und putzen, mundgerecht zerschneiden. Die Paprikaschoten putzen, waschen und in mundgerechte Stücke schneiden. Alle vorbereiteten Zutaten dekorativ auf Platten anrichten, mit Zitronen und Muschelschalen garnieren.

**4.** Das Fett im Fonduetopf auf dem Herd erhitzen. Auf dem Rechaud heiß halten.

*Am Tisch* werden alle Zutaten mit Fonduegabeln in das Fett gehalten.

### Passende Beilagen:

Baguette oder Zwiebelbrot. Dillcreme mit Tomaten (Seite 64), Olivensauce (Seite 64), Soja-Zitronen-Dip (Seite 66), Chili-Knoblauch-Mayonnaise (Seite 68).

### Tip

Für mehrere Gäste oder für ein abwechslungsreicheres Fondue können Sie zusätzlich die Umhüllten Garnelen (unten) zubereiten.

# Umhüllte Garnelen

Zutaten für jeweils 4 Personen:
**Für die Garnelen im Nudelmantel:**
12 geschälte gegarte Riesengarnelen
2 Eßl. helle Sojasauce
Cayennepfeffer
1 Eiweiß
50 g Reisnudeln
**Für die Garnelen in Reispapier:**
150 g geschälte gegarte Tiefseegarnelen
1 Eiweiß
1 Teel. Salz
1 Teel. Speisestärke
schwarzer Pfeffer, frisch gemahlen
60 g fetter Speck
2 Frühlingszwiebeln
2 Eßl. Mehl
etwa 150 g Reispapier-Blätter
(15 cm Ø)

## Ergänzung zum Meeresfrüchte-Fondue

Garnelen im Nudelmantel pro Portion etwa: 2290 kJ/540 kcal
Garnelen im Reispapier pro Portion etwa: 3000 kJ/740 kcal

Vorbereitungszeit: etwa 45 Minuten

**1.** Für die Garnelen im Nudelmantel die Garnelen kalt abbrausen und abtrocknen. In einer Marinade aus der Sojasauce und Cayennepfeffer wenden.

**2.** Das Eiweiß in einem tiefen Teller leicht anschlagen. Die Reisnudeln auf einem anderen Teller mit den Fingern in kleine Stücke zerbröseln. Die Garnelen zuerst im Eiweiß, dann in den Reisnudeln wenden.

**3.** Für die Garnelen in Reispapier die Garnelen kalt abwaschen, abtrocknen und hacken. Das Eiweiß etwas anschlagen, mit dem Salz, der Speisestärke und Pfeffer verrühren, die Garnelen untermengen.

**4.** Den Speck klein würfeln. Die Frühlingszwiebeln waschen, putzen und in sehr feine Ringe schneiden. Beides unter die Garnelen mischen.

**5.** Das Mehl mit ganz wenig Wasser glattrühren. Nach und nach die Reispapierblätter in kaltem Wasser einweichen, vorsichtig auf ein sauberes Tuch legen. 2 Teelöffel Füllung darauf setzen, die Blätter zu Päckchen formen, dabei die Seiten nach innen einschlagen. Die Ränder mit dem angerührten Mehl bestreichen und festdrücken. Nach und nach alle Zutaten verbrauchen.

### Tip

Die Umhüllten Garnelen können Sie anstelle der Garnelen im Meeresfrüchte-Fondue servieren. Wenn Sie das Fondue für mehr als vier Personen zubereiten, passen die Variationen auch zusätzlich.

# Edles Geflügelfondue

Zutaten für 4 Personen:
3 Entenbrustfilets (je etwa 250 g)
1 unbehandelte Orange
2 Teel. Wacholderbeeren
Salz
schwarzer Pfeffer, frisch gemahlen
4 Wachteln
1 Stubenküken (etwa 600 g)
1 Staudensellerie
Fett zum Ausbacken

### Festlich

Pro Portion etwa: 3100 kJ/740 kcal

Vorbereitungszeit: etwa 1 Stunde

**1.** Die Entenbrustfilets kalt abbrausen und abtrocknen. Die Filets quer in dünne Scheiben schneiden. Die Orange heiß abwaschen, abtrocknen und halbieren. Von einer Hälfte die Schale abreiben und den Saft auspressen, die zweite Hälfte zum Garnieren verwenden. Die Wacholderbeeren zerdrücken, mit Salz, Pfeffer, Orangenschale und Orangensaft vermischen, die Entenbrustscheiben damit bestreichen.

**2.** Die Wachteln waschen, abtrocknen und in je vier Teile schneiden.

**3.** Das Stubenküken waschen und abtrocknen. Die Brustfilets auslösen, häuten und mundgerecht würfeln. Den Rest des Stubenkükens in kleine Stücke schneiden oder hacken.

**4.** Den Sellerie waschen, putzen und in etwa 3 cm lange Stücke schneiden. Alle Zutaten zusammmen auf Platten anrichten, mit Orange garnieren.

**5.** Das Fett im Fonduetopf auf dem Herd erhitzen, auf dem Rechaud heiß halten.

*Am Tisch* spießt jeder Zutaten nach Geschmack auf seine Fonduegabel und hält sie damit in das heiße Fett.

### Passende Beilagen:
Weißbrot.
Frische Ananas oder Kiwis.
Preiselbeerdip (Seite 60), Apfel-Orangen-Sauce (Seite 64).

## Wildfondue mit Rotwein-Birnen

Zutaten für 4 Personen:
1/8 l trockener Rotwein
2 kleine, feste Birnen
100 g Preiselbeeren aus dem Glas
800 g gemischtes Wildfleisch (Reh, Hirsch, Wildschwein, Hase)
250 g Steinpilze oder Egerlinge
Fett zum Ausbacken

### Festlich

Pro Portion etwa: 3300 kJ/790 kcal

Vorbereitungszeit: etwa 30 Minuten

**1.** Den Rotwein in einem kleinen Topf aufkochen. Die Birnen waschen, trockenreiben, halbieren, die Kerngehäuse vorsichtig herausschneiden. Die Hälften in den Wein legen, zugedeckt bei schwacher Hitze etwa 5 Minuten dünsten. Abtropfen lassen und mit den Preiselbeeren füllen.

**2.** Das Wildfleisch waschen, abtrocknen und mundgerecht würfeln, dabei Sehnen und Fett abschneiden.

**3.** Erst kurz vor dem Anrichten die Pilze ganz kurz waschen oder feucht abreiben, putzen und in dicke Scheiben schneiden.

**4.** Das Fleisch zusammen mit den Pilzen und den Birnen auf Platten anrichten.

**5.** Das Fett im Fonduetopf auf dem Herd erhitzen, auf dem Rechaud heiß halten.

*Am Tisch* spießt jeder Fleischstücke und Pilze mit seiner Fonduegabel auf und brät sie im heißen Fett.

### Passende Beilagen:
Baguette oder Stangenweißbrot.
Gemischter Salat.
Preiselbeerdip (Seite 60), Apfel-Orangen-Sauce (Seite 64), Gorgonzolasauce (Seite 64).

27

# Hackfleischfondue

Zutaten für 4 Personen:
**Für die Mett-Taler:**
1 walnußgroßes Stück Ingwerwurzel
2 Knoblauchzehen
1 Frühlingszwiebel
200 g Mett
**Für die Hackklößchen:**
200 g gemischtes Hackfleisch
1 kleines Ei
20–30 g Semmelbrösel
Salz · schwarzer Pfeffer, frisch gemahlen
1 Teel. Paprikamark
1 Teel. getrockneter Thymian
**Für die Tatarbällchen:**
200 g Tatar
1 kleines Ei
40 g gemahlene Mandeln
Salz
schwarzer Pfeffer, frisch gemahlen
Cayennepfeffer
30 g Emmentaler oder Bergkäse
**Für die Lammröllchen:**
40 g Rosinen
20 g Pinienkerne
200 g Lamm-Hackfleisch (eventuell beim Metzger vorbestellen)
1 kleines Ei
1 Eßl. Currypulver
2 Eßl. Petersilie, frisch gehackt
20–30 g gemahlene Mandeln
Salz
schwarzer Pfeffer, frisch gemahlen
**Außerdem:**
1 Kopf grüner Salat
250 g mittelgroße Champignons
150 g Kirschtomaten
Fett zum Ausbacken

## Preiswert

Pro Portion etwa: 5800 kJ/1400 kcal

Vorbereitungszeit: etwa 1¼ Stunden

**1.** Für die Mett-Taler den Ingwer und den Knoblauch schälen, die Frühlingszwiebel putzen und waschen, alles sehr fein würfeln oder hacken. Mit dem Mett vermengen, etwa 20 Kugeln daraus formen und leicht flachdrücken.

**2.** Für die Hackklößchen das Hackfleisch mit dem Ei, den Semmelbröseln, Salz, Pfeffer, dem Paprikamark und dem Thymian vermengen, knapp walnußgroße Klößchen daraus formen.

**3.** Für die Tatarbällchen das Tatar mit dem Ei, den Mandeln, Salz, schwarzem Pfeffer und Cayennepfeffer vermengen und pikant abschmecken. Den Käse etwa ½ cm groß würfeln. Aus der Masse walnußgroße Bällchen formen, dabei je 1 Käsestück in die Mitte geben.

**4.** Für die Lammröllchen die Rosinen in einem Sieb heiß abbrausen, gut abtropfen lassen. Die Pinienkerne klein hacken und in einer trockenen Pfanne goldgelb rösten. Die Rosinen mit den Pinienkernen, dem Lammfleisch, dem Ei, dem Curry, der Petersilie, den Mandeln, Salz und Pfeffer vermengen. In etwa 20 Portionen teilen, längliche Röllchen daraus formen.

**5.** Den Salat waschen, abtrocknen und auf Tellern oder Platten ausbreiten. Die Champignons waschen oder abreiben und putzen, die Kirschtomaten waschen. Alle vorbereiteten Zutaten auf dem Salat arrangieren.

**6.** Das Fett im Fonduetopf auf dem Herd erhitzen, auf dem Rechaud heiß halten.

*Am Tisch* spießt jeder die Zutaten mit seiner Fonduegabel auf und gart sie im heißen Fett.

## Passende Beilagen:

Zwiebel- oder Weißbrot.
Kartoffel-Gurken-Salat (Seite 58), eingelegtes Gemüse.
Dips, zum Beispiel Rote-Bete-Sauce (Seite 60), Scharfe Erdnußsauce mit Gurken (Seite 66), Süß-saure Tomatensauce (Seite 62).

## Varianten:

• Wenn Ihnen vier verschiedene Hackfleisch-Zubereitungen zu aufwendig sind, bereiten Sie nur zwei Varianten Ihrer Wahl zu, diese jeweils in der doppelten Menge.
• Sie können auch eines der Rezepte durch **Bratwurstbällchen** ersetzen. Dafür 2 Bratwürste kaufen, das Brät aus der Pelle drücken und zu gleich großen Bällchen formen.

# Knusprige Honigrippchen

Zutaten für 4 Personen:
1¼ kg Schweinerippchen (möglichst vom Metzger klein hacken lassen)
6 Eßl. Sojasauce
4 Eßl. Reiswein
2 Eßl. flüssiger Honig
2 Teel. Sambal Oelek
2 Knoblauchzehen
1 walnußgroßes Stück Ingwerwurzel
je 2 gelbe und grüne Paprikaschoten
Fett zum Ausbacken

## Preiswert

Pro Portion etwa: 3100 kJ/740 kcal

Vorbereitungszeit: etwa 45 Minuten (+ mindestens 2 Stunden Marinierzeit)

**1.** Die Schweinerippchen waschen und abtrocknen. Gegebenenfalls in einzelne Rippen zerschneiden und diese quer in kleinfingerlange Stücke hacken.

**2.** Die Sojasauce mit dem Reiswein, dem Honig und dem Sambal Oelek verrühren. Den Knoblauch und den Ingwer schälen, fein hacken und unter die Sauce rühren. Die Rippchen darin wenden und zugedeckt im Kühlschrank mindestens 2 Stunden marinieren.

**3.** Die Paprikaschoten putzen, waschen, abtrocknen und in dicke Streifen schneiden.

**4.** Die Rippchen und die Paprikastreifen in Schüsseln bereitstellen. Das Fett im Fonduetopf auf dem Herd erhitzen, auf dem Rechaud heiß halten.

*Am Tisch* spießt jeder Rippchen (vorsichtig!) und Schoten auf die Fonduegabel und brät sie im heißen Fett aus.

## Passende Beilagen:

Bauernbrot oder Chinakohl-Reis-Salat (Seite 58).
Apfel-Orangen-Sauce (Seite 64), Mascarpone-Knoblauch-Dip (Seite 60), Süß-saure Tomatensauce (Seite 62).

*Im Bild oben: Hackfleischfondue*
*Im Bild unten:*
*Knusprige Honigrippchen*

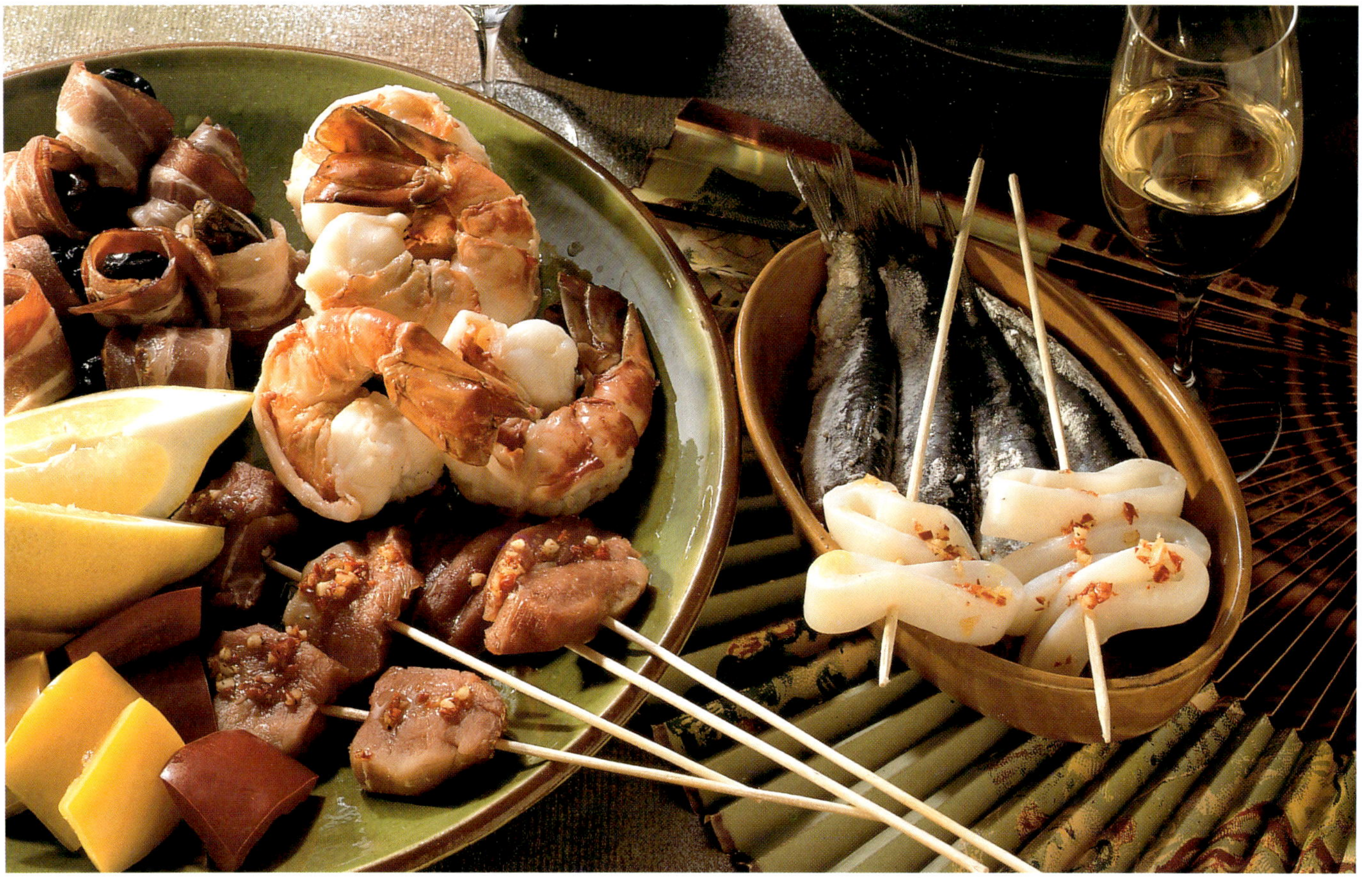

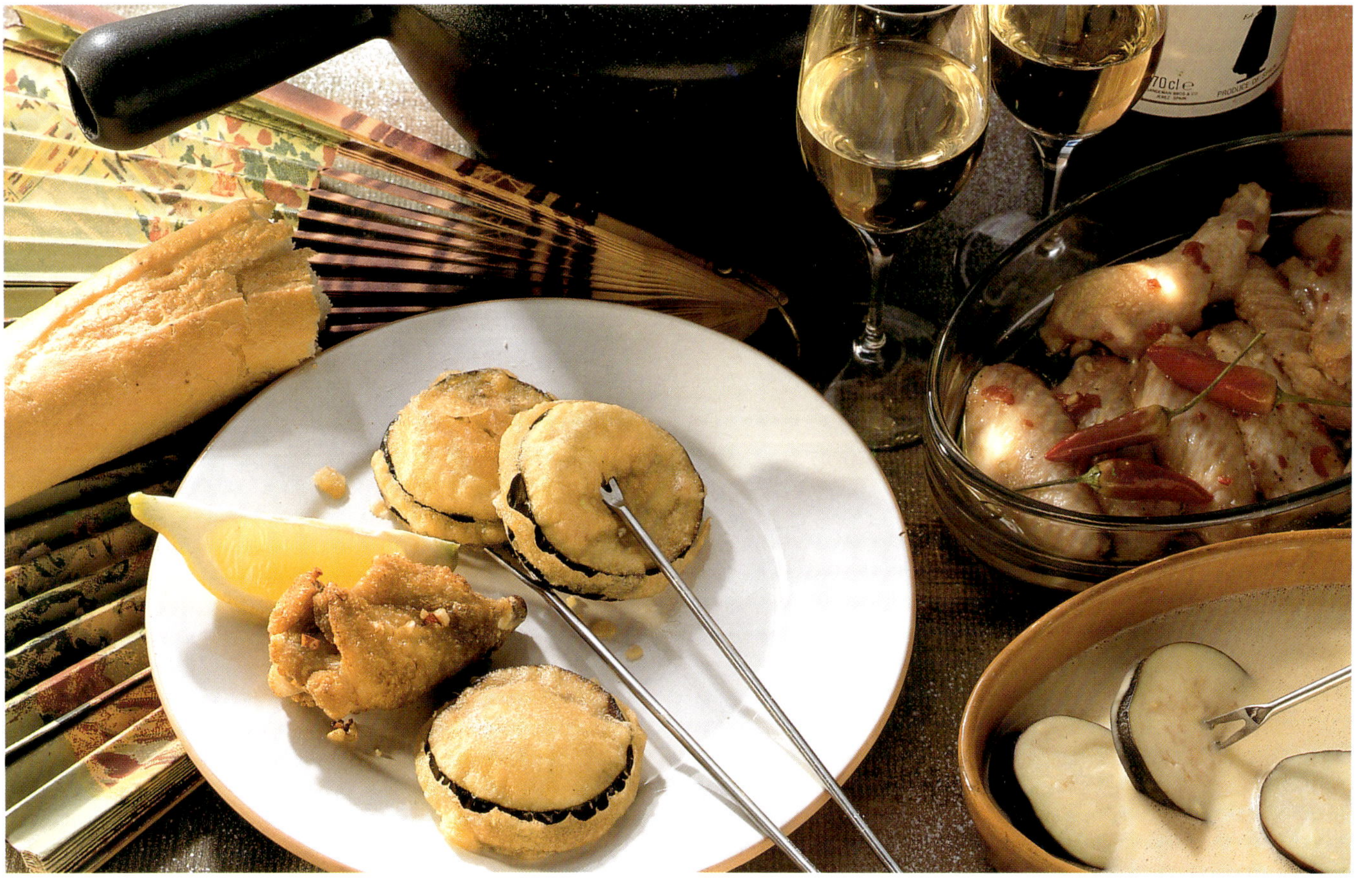

# Comidas fritas

Zutaten für 4 Personen:
4 Knoblauchzehen
6 kleine rote Chilischoten
Salz
schwarzer Pfeffer, frisch gemahlen
7 Eßl. Öl
250 g Schweinefilet
8 geschälte gegarte Riesengarnelen
(etwa 150 g)
250 g Tintenfisch
2 rote Paprikaschoten
2 grüne Paprikaschoten
8 kleine Sardinen (etwa 200 g)
2 Eßl. Mehl
75 g getrocknete Datteln
75 g getrocknete Pflaumen
100 g Frühstücksspeck in dünnen
Scheiben (Bacon)
2 Chorizos (Paprikawurst; ersatzweise
Mettwürste)
Zitronen zum Anrichten
Fett zum Ausbacken

## Aus Spanien

Pro Portion etwa: 7300 kJ/1700 kcal

Vorbereitungszeit: etwa 1 Stunde

**1.** Den Knoblauch schälen. Die Chilischoten putzen, entkernen und waschen. Alles fein hacken, mit Salz, Pfeffer und dem Öl verrühren.

**2.** Das Schweinefilet klein würfeln, auf Holzspießchen reihen. Die Garnelen kalt abbrausen, abtrocknen. Den Tintenfisch kalt abbrausen, abtrocknen und in Ringe schneiden. Alles in der vorbereiteten Marinade wenden, auf Platten anrichten.

**3.** Die Paprikaschoten putzen, waschen und in Stücke schneiden. Die Sardinen waschen, die Köpfe abschneiden. Die Fische am Bauch aufschlitzen und ausnehmen, dann in dem Mehl wenden.

**4.** Die Datteln und die Pflaumen entsteinen, jeweils mit 1 Speckscheibe umwickeln. Die Chorizos in Scheiben schneiden. Alle Zutaten auf Platten anrichten, mit Zitrone garnieren.

**5.** Das Fett im Fonduetopf auf dem Herd erhitzen, auf dem Rechaud heiß halten.

*Am Tisch* spießt jeder Zutaten auf seine Fonduegabel und gart sie im heißen Fett.

### Passende Beilagen:
Tomatensalat, Weißbrot.
Aioli (eine Mayonnaise mit viel Knoblauch und Olivenöl), Olivensauce (Seite 64).

# Spanische Tapas

Zutaten für 4 Personen:
**Für die ausgebackenen
Auberginen:**
2 mittelgroße Auberginen
Salz
schwarzer Pfeffer, frisch gemahlen
2 Knoblauchzehen
2 Eier
6 Eßl. trockener Sherry
60 g Mehl
**Für die Hähnchenflügel:**
3 Knoblauchzehen
2 rote Chilischoten
Salz
schwarzer Pfeffer, frisch gemahlen
6 Eßl. Olivenöl
6 Hähnchenflügel (etwa 500 g)

## Ergänzung zu Comidas fritas

Pro Portion etwa: 2300 kJ/550 kcal

Vorbereitungszeit: etwa 30 Minuten

**1.** Für die ausgebackenen Auberginen die Auberginen waschen, putzen, abtrocknen und in etwa ½ cm dicke Scheiben schneiden. Mit Salz und Pfeffer würzen.

**2.** Den Knoblauch schälen und zerdrücken. Mit den Eiern, dem Sherry und dem Mehl verquirlen, mit Salz und Pfeffer würzen. In zwei breite Schälchen füllen.

**3.** Für die Hähnchenflügel den Knoblauch schälen, die Chilischoten entkernen, putzen und waschen, alles sehr fein hacken und mit Salz, Pfeffer und dem Olivenöl verquirlen. Die Hähnchenflügel abwaschen, abtrocknen, an den Gelenken teilen und mit der Marinade einreiben.

**4.** Die Auberginenscheiben und die Hähnchenflügel auf Platten anrichten, den Ausbackteig für die Auberginen bereitstellen. Am Tisch werden die Auberginen vor dem Ausbacken in den Teig getaucht.

### Tip
Die Tapas als Ersatz für im Rezept oben beschriebene Zutaten zubereiten. Oder, bei einem Fondue für mehr als vier Personen, zusätzlich bereitstellen.

# Asiatisches Überraschungsfondue

**Zutaten für 4 Personen:**
**Für die Frühlingsröllchen mit Hähnchen:**
20 g getrocknete Shiitake-Pilze (Tongupilze)
1 frische grüne Chilischote
1 Knoblauchzehe
2 Eßl. Sojasauce
1 Eßl. Reisessig
schwarzer Pfeffer, frisch gemahlen
100 g Hähnchenbrustfilet
etwa 20 Wan-Tan-Blätter (etwa 100 g; tiefgefrorene Teigplatten; im Asienladen)
40 g frische Bohnenkeime
1 Teel. Öl
**Für die Garnelenbällchen:**
250 g geschälte gegarte Tiefseegarnelen
30 g fetter Schweinespeck
50 g frische Bohnenkeime
2 Eßl. gehackte Mandeln
1 Teel. Salz
schwarzer Pfeffer, frisch gemahlen
1 gute Prise Zucker
2 Teel. Speisestärke
1 Eiweiß
75 g Weißbrot
1 Teel. Öl
**Für das marinierte Rinderfilet:**
250 g Rinderfilet
1 walnußgroßes Stück Ingwerwurzel
2 Knoblauchzehen
2 Eßl. Sojasauce
2 Eßl. Fischsauce (Asienladen)
2 Teel. Reisessig
1 Teel. Sesamöl
schwarzer Pfeffer, frisch gemahlen
**Außerdem:**
3 Zucchini
Fett zum Fritieren

## Braucht Zeit

Pro Portion etwa: 3300 kJ/790 kcal

Vorbereitungszeit: etwa 3 Stunden

**1.** Für die Frühlingsröllchen die Shiitake-Pilze etwa 20 Minuten in warmem Wasser einweichen. Die Chilischote entkernen und waschen, den Knoblauch schälen, beides sehr fein würfeln und mit der Sojasauce, dem Reisessig und Pfeffer verrühren.

**2.** Das Hähnchenfleisch waschen, abtrocknen und sehr fein schnetzeln oder würfeln. In der Marinade wenden und zugedeckt mindestens 1 Stunde ziehen lassen. Inzwischen die Wan-Tan-Blätter zugedeckt unter einem Küchentuch auftauen lassen, nicht benötigte Blätter später wieder einfrieren.

**3.** Die Bohnenkeime waschen und abtropfen lassen, etwas kleiner schneiden. Die Shiitake-Pilze abtropfen lassen und klein würfeln.

**4.** Das Öl in einer Pfanne erhitzen, die Pilze, die Bohnenkeime und das Hähnchenfleisch mit der Marinade hineingeben, unter Rühren etwa 1 Minute anbraten. In eine Schüssel umfüllen.

**5.** Die Wan-Tan-Blätter einzeln vom Stapel nehmen und so auf ein Brett legen, daß eine Spitze zum Körper zeigt. Die Ränder der Blätter mit kaltem Wasser bepinseln. Je knapp 1 Eßlöffel Hähnchenmischung auf die Blätter setzen. Die rechte und linke Spitze zur Mitte über die Füllung legen, die Teigplatte von der unteren Spitze beginnend aufrollen. Am Ende leicht festdrücken. Auf einer Platte anrichten.

**6.** Für die Garnelenbällchen die Garnelen sehr fein würfeln und kalt stellen. Den Speck winzig klein würfeln oder durch den Fleischwolf drehen. Die Bohnenkeime kalt abbrausen, gut abtropfen lassen und klein hacken. Die Mandeln in einer trockenen Pfanne goldgelb rösten.

**7.** In einer großen Schüssel die Garnelen, den Speck, die Bohnenkeime, die Mandeln, das Salz, Pfeffer, den Zucker und die Speisestärke sorgfältig verrühren. Das Eiweiß mit einem Schneebesen leicht aufschlagen und dazugeben, alles sehr gut vermengen. Zugedeckt mindestens 20 Minuten im Kühlschrank ziehen lassen.

**8.** Das Weißbrot entrinden und sehr (!) klein würfeln, zusammen mit dem Öl unter die Garnelenmischung mengen. Aus der Masse walnußgroße Bällchen formen und auf einer Platte anrichten. (Sollte die Masse nicht gut zusammenhalten, noch kleine Brotwürfel, Semmelbrösel oder gemahlene Mandeln unterkneten.)

**9.** Für das Rinderfilet das Fleisch kalt abbrausen, abtrocknen und in hauchdünne Scheiben schneiden. Den Ingwer und den Knoblauch schälen und sehr fein würfeln. Beides in einer Schüssel mit der Sojasauce, der Fischsauce, dem Reisessig, dem Sesamöl und Pfeffer verrühren.

**10.** Die Rinderfiletscheiben einzeln in der Marinade wenden und auf einer Platte auslegen. Zugedeckt bis zum Servieren kühl stellen.

**11.** Die Zucchini waschen, putzen und in Scheiben schneiden. Alle Zutaten auf Platten bereitstellen.

**12.** Das Fett im Fonduetopf auf dem Herd erhitzen, auf dem Rechaud heiß halten.

*Am Tisch* spießt jeder Zutaten nach Wunsch auf seine Fonduegabel und hält sie damit in das heiße Fett.

**Passende Beilagen:**
Chinakohl-Reis-Salat (Seite 58).
Kroepoek (Krabbenbrot), Cashewkerne, in Zuckersirup eingelegter Ingwer.
Curry-Kokosraspel (Seite 62),
Gurken-Ingwer-Sauce (Seite 62),
Scharfer Pilz-Kokos-Dip (Seite 66),
Süß-saure Tomatensauce (Seite 62),
Scharf-süßsaurer Sojadip (Seite 66).

**Tips**
Sie können auch nur die Frühlingsröllchen oder die Garnelenbällchen zubereiten, dann allerdings in der doppelten Menge.
Das Rinderfilet können Sie auch in Brühe garen. Für ein noch üppigeres Fondue mit sechs Personen zusätzlich die Garnelen im Nudelmantel (Seite 25) zubereiten.

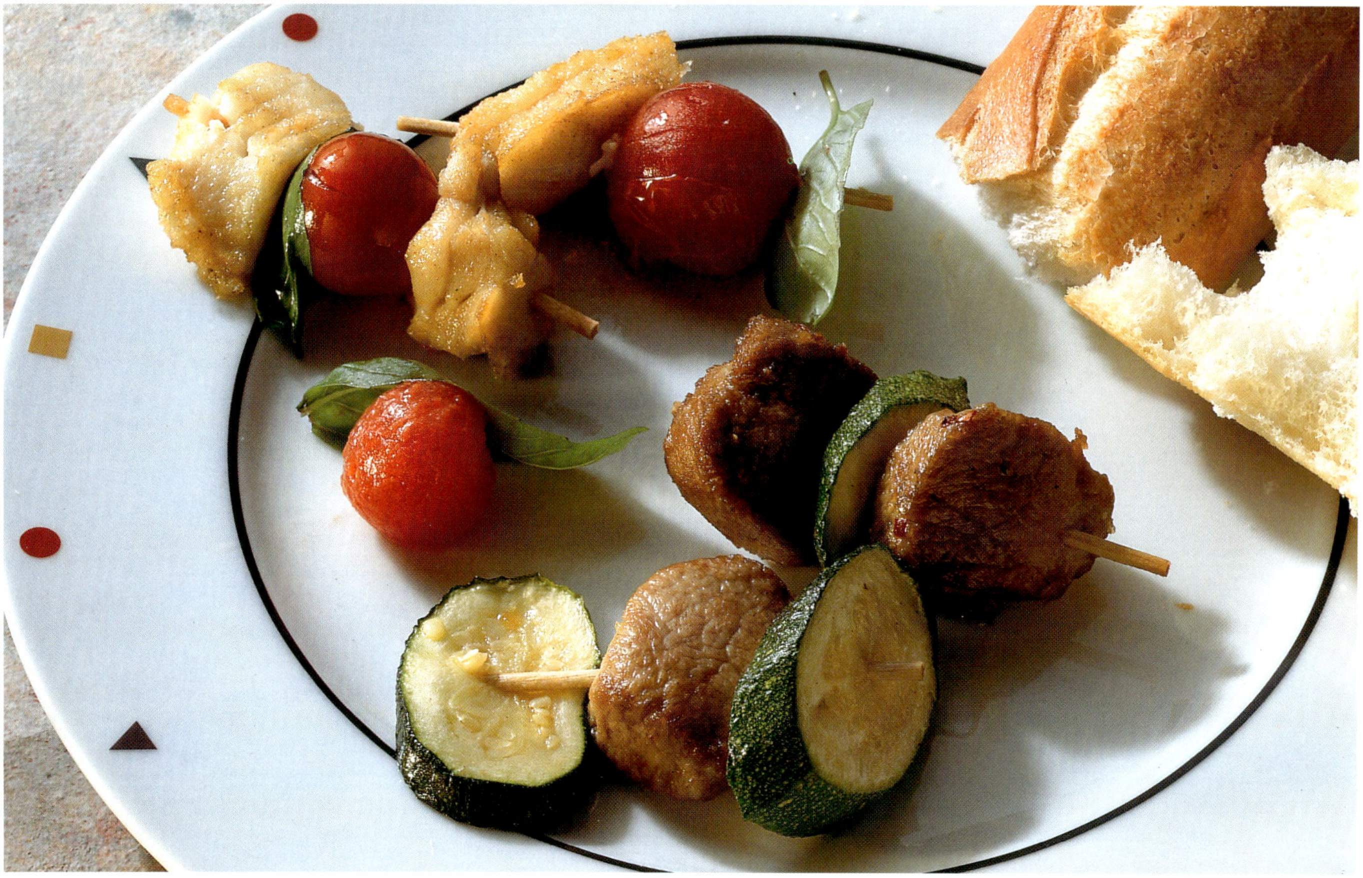

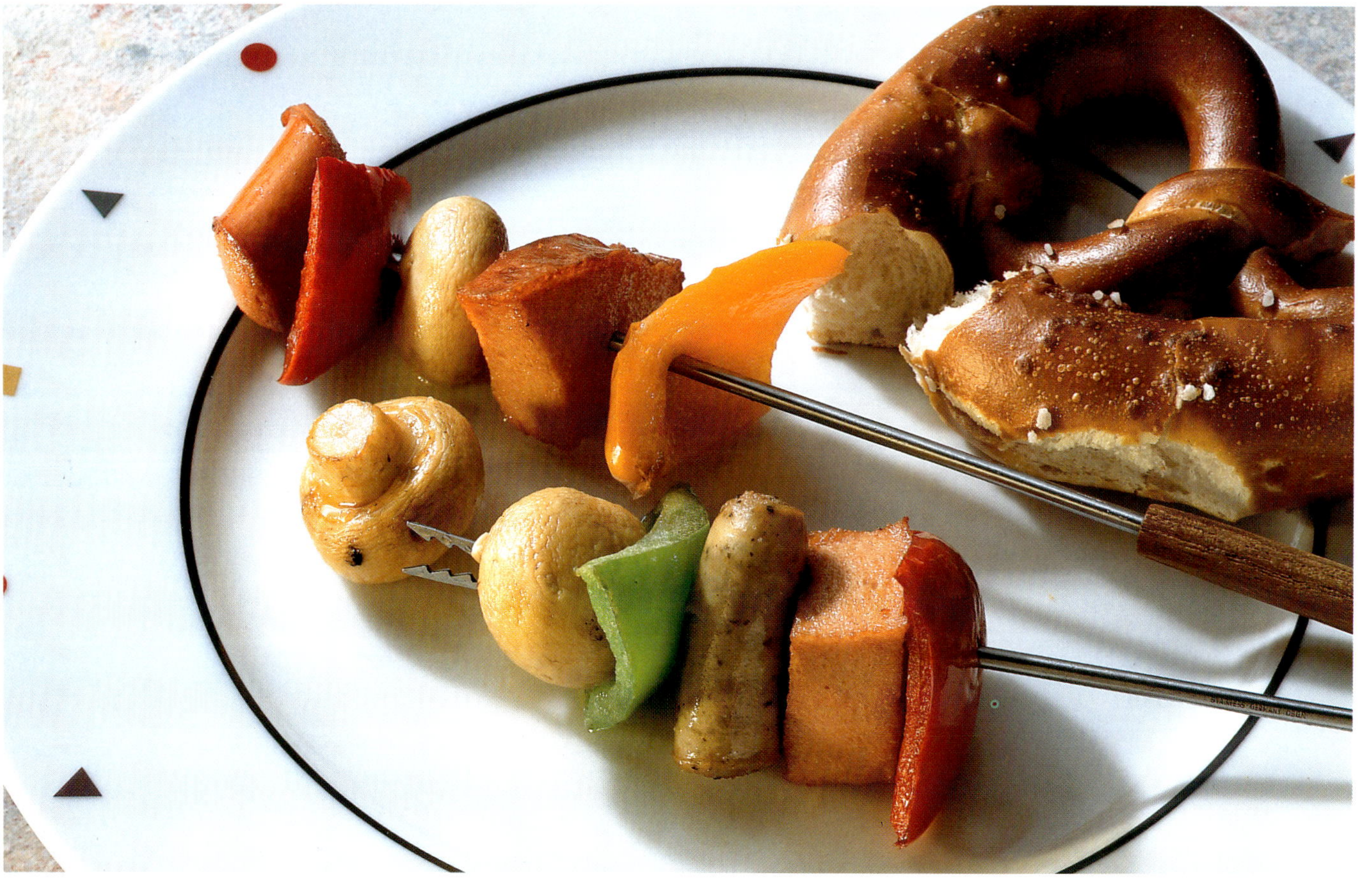

# Fondue mit Fleisch- und Fischspießchen

Zutaten für 4 Personen:
400 g Schweineschnitzel
Salz
schwarzer Pfeffer, frisch gemahlen
250 g Zucchini
4 Knoblauchzehen
400 g Rotbarsch-, Schellfisch- oder
Kabeljaufilet
2 Eßl. Zitronensaft
250 g kleine Kirschtomaten
1 Bund Basilikum
Holzspießchen
Salat zum Anrichten
Fett zum Ausbacken

## Läßt sich gut abwandeln

Pro Portion etwa: 4000 kJ/950 kcal

Vorbereitungszeit: etwa 30 Minuten

**1.** Für die Fleischspießchen die Schweineschnitzel kalt abbrausen, abtrocknen und in etwa 1½ cm große Würfel schneiden. Mit Salz und Pfeffer würzen.

**2.** Die Zucchini waschen, putzen und wie das Fleisch würfeln. Den Knoblauch schälen und in dünne Scheiben schneiden. Alle Zutaten abwechselnd auf kleine Holzspießchen reihen.

**3.** Für die Fischspießchen das Fischfilet kalt abwaschen, abtrocknen und etwa 1½ cm groß würfeln. Mit Zitronensaft beträufeln, salzen und pfeffern.

**4.** Die Kirschtomaten waschen, das Basilikum waschen, abtrocknen und die Blättchen abzupfen. Die Zutaten abwechselnd auf Holzspießchen reihen.

**5.** Den Salat putzen, waschen und trockenschütteln. Auf Tellern ausbreiten und die Spießchen darauf anrichten.

**6.** Das Fett im Fonduetopf auf dem Herd erhitzen, auf dem Rechaud heiß halten.

*Am Tisch* hält jeder Spießchen mit seiner Fonduegabel in das heiße Fett.

**Passende Beilagen:**
Weiß- oder Bauernbrot.
Thunfisch-Kapern-Sauce (Seite 68), Mandeldip (Seite 60), Sesamdip (Seite 68).

**Varianten:**
• Für **Leberspießchen** Kalbsleber etwa 1½ cm groß würfeln, würzen und zusammen mit Zwiebelstückchen und Apfelspalten auf Spießchen reihen.
• Für **Wurstspieße** kleine Wurststücke mit Paprikawürfeln und Frühlingszwiebelstücken auf Spießchen reihen.

# Fondue mit Würstchen

Zutaten für 4 Personen:
400 g verschiedene Wurstsorten
(Wiener, Fleischwurst, Bratwürste,
feste geräucherte Blutwurst)
250 g Fleischkäse
250 g kleine Champignons
1 rote Paprikaschote
½ gelbe Paprikaschote
½ grüne Paprikaschote
300 g Zucchini
Fett zum Ausbacken

## Preiswert

Pro Portion etwa: 5000 kJ/1200 kcal

Vorbereitungszeit: etwa 30 Minuten

**1.** Die Würste und den Fleischkäse in mundgerechte Stücke schneiden.

**2.** Die Champignons waschen oder abreiben und putzen. Die Paprikaschoten putzen, waschen und mundgerecht würfeln. Die Zucchini putzen und in Scheiben schneiden. Alles auf Platten anrichten.

**3.** Das Fett im Fonduetopf auf dem Herd erhitzen, auf dem Rechaud heiß halten.

*Am Tisch* spießt jeder Wurststücke und Gemüse mit seiner Fonduegabel auf und brät sie im heißen Fett knusprig aus.

**Passende Beilagen:**
Verschiedene Senfsorten, geriebener Meerrettich.
Laugenbrezeln oder -brötchen.
Eingelegtes Gemüse.
Scharfe Zimtbutter (Seite 60), Rettichsauce (Seite 66), Rote-Bete-Sauce (Seite 60).

**Variante:**
**Würstchen im Kartoffelmantel**
Sie können sie zusätzlich oder als raffinierte Variante zubereiten. Dafür 1 Päckchen Kartoffelpüreepulver für 2–3 Personen recht kompakt mit Milch und/oder Wasser anrühren, mit reichlich gehackter Petersilie, etwas geriebenem Käse, Pfeffer und Muskat verfeinern. Den Teig mit bemehlten Händen in knapp tischtennisballgroße Portionen teilen und flachdrücken. Kleine Cocktailwürstchen (etwa 1 Glas) in Mehl wenden, dann im Kartoffelteig einhüllen. Am Tisch ausbacken.

# Tempura

Zutaten für 4 Personen:
200 g geschälte rohe Garnelen
400 g Broccoli
300 g Zucchini
300 g dünne grüne Bohnen
2 Eigelb
Mehl zum Wenden
**Für den Teig:**
1/4 l eiskaltes Wasser
125 g Mehl
1/2 Teel. Salz
Fett zum Ausbacken

## Aus Japan

Pro Portion etwa: 4600 kJ/1100 kcal

Vorbereitungszeit: etwa 45 Minuten

**1.** Die Garnelen kalt abbrausen, gut abtropfen lassen und abtrocknen.

**2.** Reichlich Wasser in einem großen Topf zum Kochen bringen. Die Gemüse waschen und putzen. Den Broccoli kleinschneiden. Die Zucchini in Scheiben schneiden, sehr große Scheiben halbieren. Die Bohnen ganz lassen.

**3.** Nacheinander den Broccoli im kochenden Wasser etwa 4 Minuten, die Zucchini nur etwa 2 Minuten und die Bohnen gut 5 Minuten vorgaren, bis das Gemüse noch leichten Biß hat. Das fertige Gemüse jeweils mit einer Schaumkelle aus dem Wasser heben, in ein Sieb geben und kalt abbrausen. Gut abtropfen lassen.

**4.** Das vorbereitete Gemüse und die Garnelen mit Mehl bestäuben, überschüssiges Mehl abschütteln. Alles auf Platten anrichten.

**5.** Das Fett zum Ausbacken im Fonduetopf auf dem Herd erhitzen, auf dem Rechaud heiß halten.

**6.** Kurz vor dem Servieren den Ausbackteig aus den Eigelben, dem eiskalten Wasser, dem Mehl und dem Salz anrühren. Den Teig in Portionsschälchen bereitstellen.

*Am Tisch* spießt jeder 1 Garnele oder 1 Gemüsestück mit der Fonduegabel auf, tunkt die Zutat in den Backteig und gibt sie in das heiße Fett.

### Passende Beilagen:
Wasabi (grüner Meerrettich) oder anderer geriebener Meerrettich. Sojasauce, Chilidip (Seite 62), Rettichsauce (Seite 66), Sesamdip (Seite 68).

### Das Besondere
Die Zutaten sollen von einem hauchdünnen, knusprigen Teig eingehüllt werden. Damit dies gelingt, den Teig erst kurz vor dem Anrichten herstellen und wirklich eiskaltes Wasser verwenden. Nicht zu stark rühren, es dürfen ruhig noch kleine Mehlklümpchen auf der Oberfläche zu sehen sein. Der Teig wird erst beim Eintunken der Zutaten weiter verrührt.

### Varianten:
Sie können die Zutaten auch pur auf den Tisch bringen und für jeden ein Schälchen mit Mehl bereitstellen. Jeder wendet Zutaten nach seinem Geschmack zuerst im Mehl und zieht sie dann durch den Ausbackteig.
Tempura können Sie nach Geschmack mit anderen Gemüsesorten wie Auberginen, Zuckerschoten, Zwiebelringen oder Pilzen variieren. Sie können auch die Garnelen weglassen oder zusätzlich etwas Meeresfischfilet oder frischen Tintenfisch verwenden.
Statt des Tempurateiges können Sie natürlich auch andere Ausbackteige für ein knuspriges Fondue verwenden. Rühren Sie beispielsweise einen **Käseteig** aus 2 Eiern, 75 g Mehl, 1 Teelöffel Salz, Pfeffer, 50 g geriebenem Gruyère und 100 ml Wasser an. Oder einen **Kräuterteig** aus 2 Eiern, 100 ml Wasser, 150 g Mehl, Salz, Pfeffer und reichlich gehackten Kräutern. Sie können darin neben Gemüse und Fisch auch gewürfeltes Putenbrustfilet oder kleine Käsestücke einhüllen und ausbacken.

# Gebackene Fische und Meeresfrüchte

Zutaten für 4 Personen:
1–1 1/4 kg gemischte Meeresfrüchte und kleine Fische (beispielsweise Tiefseegarnelen und Scampi, Tintenfisch, Sardinen, Sardellen, kleine Rotbarben, ausgelöste Muscheln)
3–4 Eßl. Mehl
Salat zum Anrichten
Zitronen zum Garnieren
Fett zum Fritieren

## Schnell fertig

Pro Portion etwa: 3100 kJ/740 kcal

Vorbereitungszeit: etwa 20 Minuten

**1.** Die Meeresfrüchte und die Fische waschen und abtrocknen, eventuell putzen und zurechtschneiden.

**2.** Das Mehl auf einen großen Teller streuen, die Meeresfrüchte und die Fische darin wenden, bis sie rundherum dünn überzogen sind. In ein breites Sieb geben und überschüssiges Mehl abschütteln.

**3.** Den Salat waschen, putzen und trockenschütteln. In einzelne Blätter zerlegen und auf einer großen Platte ausbreiten. Die Meeresfrüchte und die Fische darauf anrichten. Mit Zitronen garnieren.

**4.** Das Fett im Fonduetopf auf dem Herd erhitzen, auf dem Rechaud heiß halten.

*Am Tisch* die Zutaten aufspießen und in das heiße Fett tauchen.

### Passende Beilagen:
Weiß- oder Bauernbrot. Chili-Knoblauch-Mayonnaise (Seite 68), Kräuterdip (Seite 64), Dillcreme mit Tomaten (Seite 64), Soja-Zitronen-Dip (Seite 66).

### Variante:
Eine schnelle Variante für Kinder erhalten Sie mit Fischstäbchen.

*Im Bild oben:*
*Gebackene Fische und Meeresfrüchte*
*Im Bild unten: Tempura*

## Leicht: Fondues und »Feuertöpfe« mit Brühe

Sie stammen aus China, sind aber heute in ganz Asien verbreitet. Fleisch, Fisch, Geflügel und reichlich frisches Gemüse werden in einer würzigen Brühe gegart. Probieren Sie den klassischen Mongolischen Feuertopf mit zartem Lammfleisch, servieren Sie »Feuertopf« mit verschiedenen Bällchen, Fisch oder Gemüse. Auf passende Dips und Beilagen wird bei jedem Rezept verwiesen, Allgemeines zum Fondue mit Brühe finden Sie auf der nächsten Doppelseite.

# »Feuertöpfe«

Sie sind die leichte, kalorienarme Variante zum Fett-Fondue. Beim »Feuertopf« oder »Fondue Chinoise« wird in brodelnder Brühe oder in Wasser, das bereits nach kurzer Zeit zur aromatischen Brühe wird, geköchelt. Auch Wein oder Sahne eignen sich als Garflüssigkeit. Jeder hält Zutaten mit Metallsiebchen, Fonduegabeln oder asiatischen Stäbchen in den Topf und gart sie in dem heißen Sud. Sie können auch eine größere Portion Zutaten direkt in den Topf geben. Dann fischt jeder nach einigen Minuten welche mit seinem Siebchen heraus, und Sie können Nachschub in die Brühe geben. Die Zutaten werden in kleine Stücke, Fleisch in sehr dünne Scheiben geschnitten, damit sie in 1–3 Minuten gar sind. Vor dem Essen tunkt man das Gegarte, wie beim Fett-Fondue, in eine würzige Sauce, oder, typisch asiatisch, in verquirltes Ei. Ganz zuletzt können Sie die Brühe, die inzwischen sehr kräftig geworden ist, als Suppe servieren. Im Feuertopf können Sie asiatische und heimische Zutaten garen.
Typisches Gargerät für »Fondue Chinoise« ist ein spezieller Topf mit einem trichterförmigen Kamin in der Mitte, der Mongolentopf. Sie können aber ebenso einen normalen Fonduetopf oder einen schönen Edelstahltopf nehmen. Ein passender Deckel ist sinnvoll, dann können Sie die Hitze besser speichern. Ein großer Brenner ist wichtig, sonst reicht die Hitze nicht.
Zusätzlich zu den mit Rechaud und den elektrisch arbeitenden Geräten gibt es welche, die nach traditioneller Art mit Holzkohle beheizt werden. Legen Sie die Holzkohle in den Kamin des mit Brühe gefüllten Feuertopfs (nie solange er leer ist, sonst wird der Topf zu heiß) und zünden Sie die Kohle an. Es dauert etwa 1 Stunde bis die Brühe köchelt. Bei einem ausgedehnten Mahl müssen Sie rechtzeitig Kohle nachlegen. Sie können die Holzkohle auch auf einem mit Alufolie ausgelegten Backblech im Backofen bei 250° erhitzen, bis sich ein grauer Belag bildet. Den Feuertopf mit heißer Brühe füllen, die Kohlestücke mit einer Zange in den Kamin füllen.

### Die beste Brühe

Die beste Brühe ist eine selbstgekochte. Sie schmeckt feiner und aromatischer als jede gekaufte.

*Für eine selbstgekochte Hühnerbrühe* eignen sich die preiswerten Suppenhühner.

Für 3 l Brühe 1–2 Hühner waschen und in einen großen Topf legen, mit gut 3 l kaltem Wasser bedecken. 1 Bund geputzes, grob zerkleinertes Suppengemüse, je 2 Teelöffel Salz und Pfefferkörner sowie 3–4 Lorbeerblätter dazugeben. Aufkochen, dann zugedeckt bei schwacher Hitze etwa 1½ Stunden köcheln lassen. Anschließend abseihen, eventuell noch entfetten.

*Für eine selbstgekochte Rinderbrühe* stets Suppenfleisch verwenden, das gut von Fett durchzogen ist, Knochen, Sehnen und Flachsen hat. Bestens eignen sich Brust und Dünnung (Lappen),

Fehl-, Quer- und Hochrippe sowie Vorder- und Hinterbein (Hesse) mit dem Markknochen. Für 3 l Brühe 1 kg Suppenfleisch und 500 g Fleisch- und Markknochen waschen und in einen großen Topf legen. Eine große, ungeschälte Zwiebel halbieren und mit der Schnittfläche nach unten in einer trockenen Pfanne anrösten, zum Fleisch geben. 1 Bund geputzes, grob zerkleinertes Suppengemüse dazugeben. Kaltes Wasser angießen, bis alles gut bedeckt ist, je 2 Teelöffel Salz und Pfefferkörner, außerdem 2 Lorbeerblätter dazugeben. Alles bei mittlerer Hitze langsam zum Sieden bringen. Wenn der Schaum wieder verschwunden ist, die Brühe zugedeckt 3–4 Stunden gerade eben sieden (nicht kochen!) lassen. Anschließend durchseihen, eventuell noch entfetten.

### Tips, damit Ihr »Feuertopf« problemlos gelingt:

• Reichlich Brühe in einem Topf auf dem Herd aufkochen. Soviel Brühe in den Feuertopf umgießen, daß dieser gut zur Hälfte gefüllt ist. Nicht mehr Brühe einfüllen, sonst kocht sie später über. Die restliche Brühe wird auf dem Herd heiß gehalten. Sie müssen während des Essens den Feuertopf auffüllen, die Brühe darin verkocht nach und nach.

Später können Sie eventuell auch kochendheißes Wasser nachgießen und die Brühe nachwürzen.

• Die Brühe sollte stets köcheln, dann gelingt alles knackig, saftig und aromatisch. Deshalb nicht zu viele Zutaten auf einmal hineingeben. Sinkt die Temperatur einmal zu sehr ab, eine Weile pausieren und die Brühe wieder aufkochen lassen. Eventuell einen Deckel auflegen.

• Am besten zuerst Fleisch in die Brühe tauchen, so erhält diese einen kräftigeren Geschmack.

• Fleisch und Fisch nach Geschmack zuvor marinieren, zum Beispiel in einer Mischung aus Sojasauce, Knoblauch und Ingwer.

• Ganz zum Schluß wird die Brühe als Suppe gereicht. Dafür eventuell noch kleingeschnittene Glasnudeln, etwas Sojasauce und Reiswein oder übriggebliebenes Gemüse hineingeben.

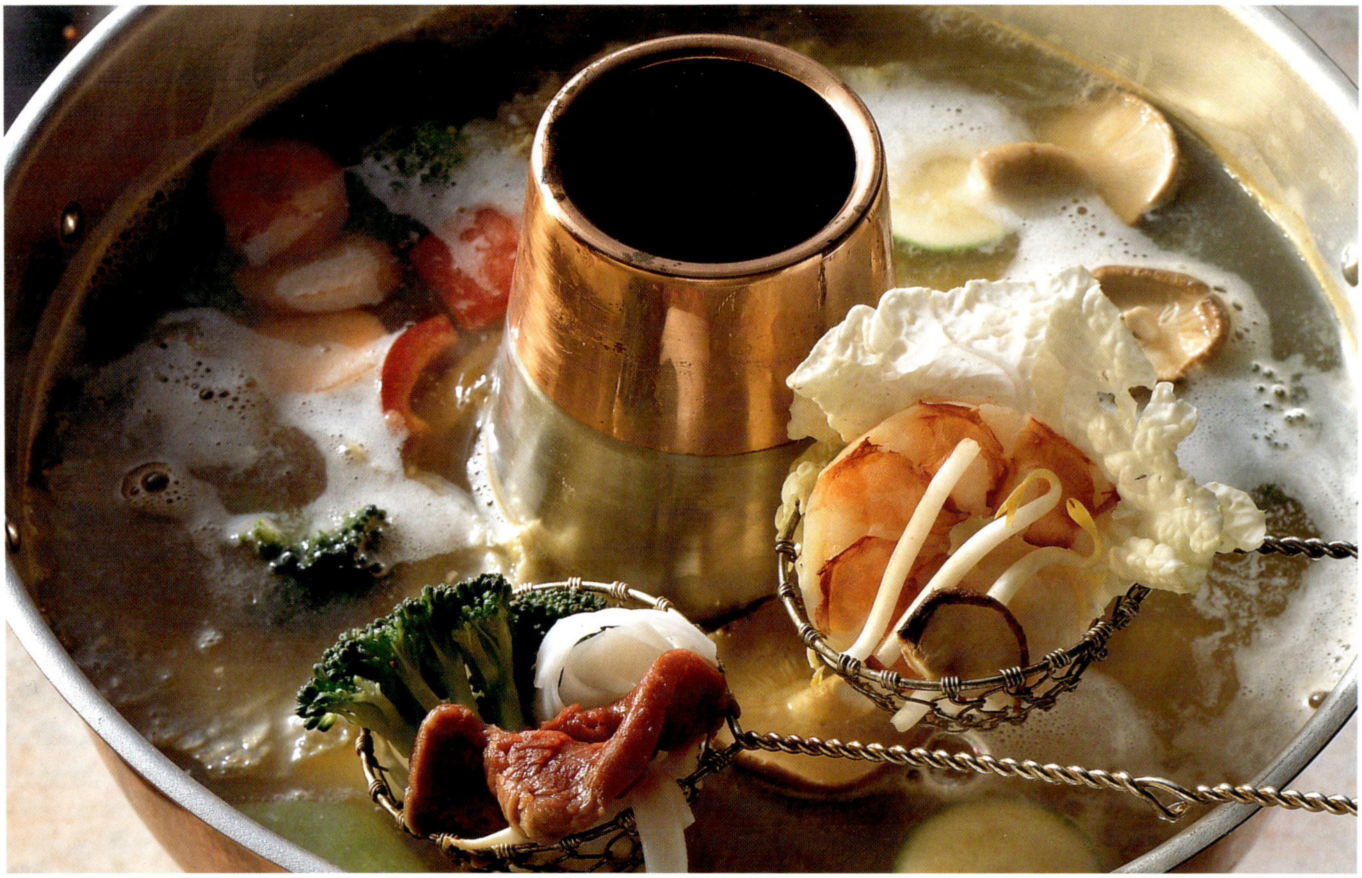

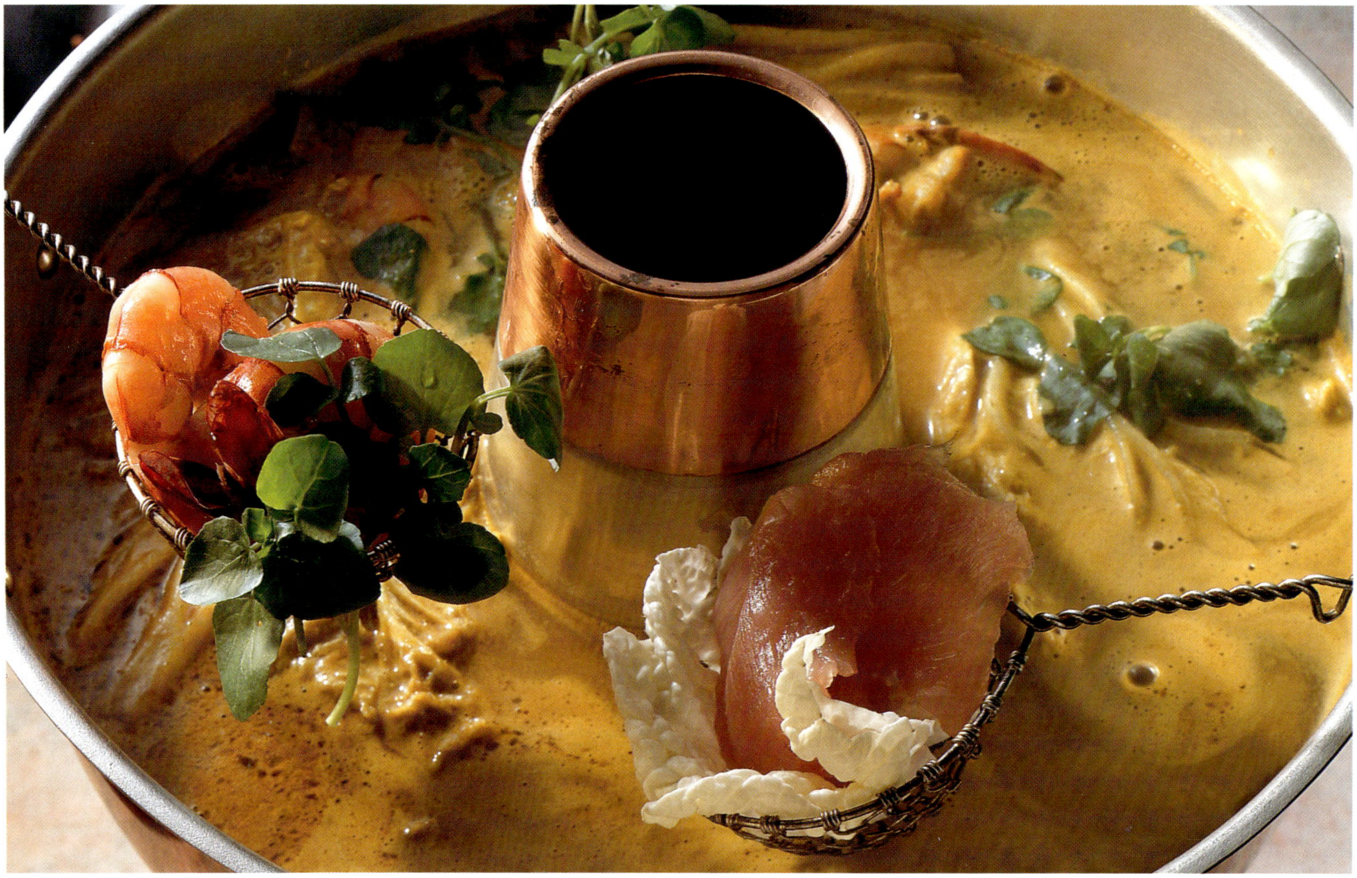

# Gemischter Feuertopf

Zutaten für 4 Personen:
je 250 g Hähnchenbrust- und Rinderfilet
150 g geschälte gegarte Riesengarnelen
150 g Tofu
100 g frische Shiitake-Pilze
etwa 750 g gemischtes Gemüse
(Blumenkohl, Lauch, Zucchini, Paprikaschoten, Möhren, Bohnenkeime,
Staudensellerie, Chinakohl, Bambussprossen, Blattgemüse)
250 g breite Reisnudeln
**Für die Brühe:**
1 Stück Ingwerwurzel
1 Stengel Zitronengras (Asienladen)
3–4 l Hühnerbrühe
2–3 Eßl. Reiswein

## Raffiniert

Pro Portion etwa: 1900 kJ/450 kcal

Vorbereitungszeit: etwa 45 Minuten

**1.** Das Fleisch in sehr dünne Scheiben schneiden. Die Garnelen waschen und abtrocknen. Den Tofu mundgerecht würfeln.

**2.** Die Pilze abreiben oder ganz kurz waschen, dann putzen. Das Gemüse putzen, waschen und mundgerecht zerteilen, dabei dekorativ zurecht-schneiden. Die Reisnudeln mit heißem Wasser übergießen, etwa 15 Minuten quellen lassen, dann gut abtropfen las-sen. Alle Zutaten auf Platten anrichten.

**3.** Für die Brühe den Ingwer schälen und klein würfeln. Das Zitronengras waschen, nur den unteren Teil der Stange klein würfeln. Den Ingwer, das Zitronengras, die Brühe und den Reis-wein in einem Topf auf dem Herd auf-kochen. Einen Teil davon in den Feuer-topf umgießen und auf dem Rechaud am Köcheln halten. Die restliche Brühe in der Küche heiß halten.

*Am Tisch* werden die Zutaten nach und nach in die köchelnde Brühe gegeben und mit Siebchen wieder her-ausgefischt.

### Passende Beilagen:
Asiatische Saucen, zum Beispiel Süß-saure Tomatensauce (Seite 62), Scharfe Erdnußsauce mit Gurken (Seite 66), Kokossauce (Seite 68).

### Varianten:
Das Fleisch zuvor marinieren. Für das Hähnchenfleisch 2 Eßlöffel helle Soja-sauce, 2 Teelöffel Austernsauce, 1 Eß-löffel Reisessig, 5 Eßlöffel Reiswein, ge-hackten Ingwer, Pfeffer und 1 Eßlöffel Öl verrühren. Für das Rinderfilet 5 Eß-löffel Sojasauce, je 2 Eßlöffel Reiswein und Öl, 2 zerdrückte Knoblauchzehen, Pfeffer und gehacktes Koriandergrün verrühren.

# Kokos-Curry-Fondue

Zutaten für 4 Personen:
1 frische Kokosnuß
4 kleine rote Chilischoten
2 Eßl. Öl
3–4 Eßl. Currypulver
3 l Hühnerbrühe
Salz
300 g geschälte gegarte Garnelen
500 g Putenbrustfilet
1 kleiner Chinakohl (etwa 600 g)
1 Bund Brunnenkresse

## Kalorienarm

Pro Portion etwa: 890 kJ/210 kcal

Vorbereitungszeit: etwa 1¼ Stunden

**1.** Den Backofen auf 200° vorheizen. Die Kokosnuß an zwei »Augen« mit einem Korkenzieher anbohren, die Milch ablaufen lassen und auffangen. Die Nuß in den Backofen legen, bis sie platzt (etwa 15 Minuten). Heraus-nehmen, die Nuß öffnen, das Fleisch aus der Schale lösen und fein raspeln (zum Beispiel mit der Küchen-maschine).

**2.** Die Chilischoten putzen, auf-schlitzen, entkernen, waschen und in feine Ringe schneiden. Das Öl in einem Topf auf dem Herd erhitzen, die Chili-ringe und das Currypulver darin unter Rühren anschwitzen. Mit der Brühe ab-löschen, die Kokosraspeln und die Kokosmilch dazugeben, alles unter Rühren aufkochen. Die Brühe mit Salz abschmecken, etwa 30 Minuten köcheln lassen.

**3.** Inzwischen die Garnelen waschen und abtrocknen. Das Putenfleisch waschen, abtrocknen und in dünne

Scheiben schneiden. Den Chinakohl waschen, putzen und in schmale Streifen schneiden. Die Brunnenkresse waschen, verlesen und mundgerecht zerzupfen. Alle Zutaten dekorativ auf Platten anrichten.

**4.** Die Kokosbrühe durch ein feines Sieb gießen, dabei die Kokosraspeln gut ausdrücken und wegwerfen. Den größ-ten Teil der Brühe in den Feuertopf gießen, wieder aufkochen und auf dem Rechaud am Köcheln halten.

*Am Tisch* gibt jeder Zutaten in die Kokosbrühe und fischt sie mit seinem Siebchen wieder heraus.

### Passende Beilagen:
Reis oder Chinakohl-Reis-Salat (Seite 58).
Verschiedene asiatische Dips, zum Beispiel Scharf-süßsaurer Sojadip (Seite 66), Gurken-Ingwer-Sauce (Seite 62), Koriander-Soja-Dip (Seite 62).

# Mongolischer Feuertopf

Zutaten für 4 Personen:
100 g Glasnudeln
100 g chinesische Eiernudeln
800 g Lammfleisch ohne Knochen
(Rücken oder Keule)
1 mittelgroßer Chinakohl (etwa 750 g)
150 g chinesisches Blattgemüse (Asienladen; ersatzweise Wurzelspinat)
200 g Tofu
3–4 l milde Hühnerbrühe
1 walnußgroßes Stück Ingwerwurzel

## Klassisches aus China

Pro Portion etwa: 3000 kJ/710 kcal

Vorbereitungszeit: etwa 45 Minuten

**1.** Die Glasnudeln in einer Schale mit
heißem Wasser übergießen und quellen
lassen. Die Eiernudeln in kochendes
Wasser geben und nach der Packungs-
angabe garen. Dann gut abtropfen
lassen.

**2.** Das Lammfleisch waschen, abtrocknen, Sehnen und überschüssiges Fett
abschneiden, das Fleisch dann in
hauchdünne Scheiben schneiden
(eventuell zuvor anfrieren, dann läßt es
sich einfacher dünn aufschneiden). Das
Fleisch auf einer großen Platte anrichten, zugedeckt kalt stellen.

**3.** Den Chinakohl und das Blattgemüse
putzen, waschen und in 2–3 cm breite
Streifen schneiden.

**4.** Den Tofu in Scheiben schneiden.
Die Glasnudeln abtropfen lassen, eventuell mit einer Schere kleinschneiden.

**5.** Die Glasnudeln, die Eiernudeln, den
Chinakohl, das Blattgemüse und den
Tofu dekorativ auf Tellern oder auf Plat-
ten anrichten.

**6.** Die Hühnerbrühe aufkochen. So viel
Brühe in den Feuertopf umgießen, daß
dieser gut zur Hälfte gefüllt ist. Zum
Nachfüllen die übrige Brühe in der
Küche bei schwacher Hitze heiß
halten.

**7.** Den Ingwer schälen und fein
hacken, in den Feuertopf geben. Die
Brühe im Feuertopf am Tisch am
Köcheln halten.

*Am Tisch* hält jeder Fleisch oder andere
Zutaten mit seinen Stäbchen in die
Brühe. Oder man gibt Zutaten in die
brodelnde Brühe und fischt sie mit den
Siebchen wieder heraus. Gewürzt wird
mit den verschiedenen bereitgestellten
Saucen. Ab und zu müssen Sie heiße
Brühe in den Feuertopf nachgießen.
Zuletzt wird die würzige Brühe mit
den übrigen Saucen oder mit etwas
Reiswein abgeschmeckt und als Suppe
serviert.

## Passende Beilagen:
Eingelegter Knoblauch.
Süßliche und scharfe Saucen, zum Bei-
spiel auf der Basis von Sojasauce,
Austernsauce, Fischsauce oder Hoisin-
sauce (aus dem Asienladen).
Oder Saucen nach den Rezepten aus
diesem Buch, zum Beispiel Scharfe
Pilz-Kokos-Sauce (Seite 66), Süß-saure
Tomatensauce (Seite 62), Kokossauce
(Seite 68).

## Das Besondere
Für Mongolischen Feuertopf wird als
Garflüssigkeit auch oft Wasser genom-
men. Geben Sie dann zuerst etwas
Fleisch zum Garen hinein, so wird das
Wasser rasch zur würzigen Brühe.

## Varianten:
Der klassische Mongolische Feuertopf
wird stets mit Lammfleisch zubereitet.
An Gemüse kommt das hinein, was es
gerade frisch auf dem Markt gibt. Sie
können aber neben Lamm auch andere
Fleischsorten, Meeresfrüchte oder
Fisch servieren, und bei den Gemüse-
zutaten sind Ihrer Phantasie keine
Grenzen gesetzt.

*Glasnudeln müssen zunächst in
heißem Wasser quellen, dann sind sie
verzehrsfertig. Praktisch kann es sein,
sie mit der Schere mundgerecht zu
zerkleinern.*

# Koreanischer Feuertopf

Zutaten für 4 Personen:
20 g getrocknete Shiitake-Pilze (Tongu-pilze)
300 g Rinderfilet
2 Knoblauchzehen
10 Eßl. Sojasauce
1 Teel. Zucker
8 Eßl. Reiswein
eine Handvoll frisches Koriandergrün (im asiatischen oder arabischen Spezialitätengeschäft)
1 Teel. Speisestärke
schwarzer Pfeffer, frisch gemahlen
125 g Tatar
125 g geschälte rohe Garnelen
250 g Rotbarschfilet
2 Eier
1 Teel. Öl
175 g Möhren
175 g Rettich
1 Bund Frühlingszwiebeln
200 g Salatgurke
3–4 l Rinderbrühe

## Klassisch

Pro Portion etwa: 1500 kJ/360 kcal

Vorbereitungszeit: etwa 1 Stunde

**1.** Die Pilze in einer Schüssel mit heißem Wasser übergießen und quellen lassen.

**2.** Das Rindfleisch waschen, abtrocknen und in hauchdünne Scheiben schneiden (eventuell zuvor anfrieren lassen). Auf einem Teller ausbreiten. Den Knoblauch schälen, mit 3 Eßlöffeln Sojasauce, dem Zucker und 3 Eßlöffeln Reiswein verrühren, über die Fleischscheiben träufeln. Zugedeckt kühl stellen.

**3.** Das Koriandergrün ganz vorsichtig waschen und abtrocknen. Etwas Grün fein hacken, mit der Speisestärke, 1 Eßlöffel Reiswein, 1 Eßlöffel Sojasauce, Pfeffer und dem Tatar vermengen und haselnußgroße Bällchen daraus formen.

**4.** Die Garnelen und das Fischfilet waschen und abtrocknen, das Fischfilet in dünne Scheiben schneiden.

**5.** Die Eier verquirlen, mit 2 Teelöffeln Sojasauce und Pfeffer würzen. Das Öl in einer Pfanne leicht erhitzen, die Eier zu einem lockeren Omelett backen. Abkühlen lassen, in Stücke schneiden.

**6.** Das Gemüse putzen, waschen und in kleine, dekorative Stücke schneiden. Die eingeweichten Pilze abtropfen lassen, eventuell kleinschneiden, die Stiele dabei entfernen.

**7.** Alle Zutaten dekorativ auf Tellern oder einer großen Platte anrichten. Das übrige Koriandergrün hacken und über Fleisch und Fisch streuen.

**8.** Die Brühe auf dem Herd aufkochen, mit der restlichen Sojasauce und dem übrigen Reiswein würzen. Etwa 2 l davon in den Feuertopf umgießen und am Tisch am Köcheln halten. Die restliche Brühe auf dem Herd bei schwacher Hitze zum Nachfüllen bereithalten.

*Am Tisch* gibt jeder Zutaten nach seinem Geschmack in die Brühe und fischt sie nach dem Garen mit seinem Siebchen wieder heraus. Die übrige Brühe angießen, wenn die Flüssigkeit zu stark verkocht. Am Schluß können Sie die würzige Brühe als Suppe reichen.

## Passende Beilagen:
Etwa 250 g gekochter Reis, am besten paßt Duft- oder Basmatireis. Sojasauce, eventuell mit Reiswein, Ingwer und Knoblauch gewürzt. Scharfe Erdnußsauce mit Gurken (Seite 66), Koriander-Soja-Dip (Seite 62), Chilidip (Seite 62).

## Varianten:
Die Fleischbällchen und die Fischscheiben vor dem Anrichten in verquirltem Ei, dann in Mehl wenden und in wenig Öl in einer heißen Pfanne ganz kurz braten.
Das Gemüse können Sie nach Geschmack und Marktangebot jederzeit variieren. Auch bei Fleisch und Fisch können Sie natürlich das Rezept abwandeln.

# Shabu-Shabu

Zutaten für 4 Personen:
600 g Rinderfilet
200 g Tofu
1 Bund Frühlingszwiebeln
1 große Möhre
100 g frische Shiitake-Pilze
100 g Blattspinat (oder Brunnenkresse)
1 kleiner Kopf Chinakohl
200 g Bambussprossen
250 g japanische Weizennudeln
1 Stück Kombu (Seealgen) oder Nori (Seetang; beides im Naturkost- oder Asienladen)

## Aus Japan

Pro Portion etwa: 2000 kJ/480 kcal

Vorbereitungszeit: etwa 30 Minuten

**1.** Das Fleisch in hauchdünne Scheiben, den Tofu in kleine Stücke schneiden. Die Frühlingszwiebeln putzen, waschen und in feine Streifen schneiden. Die Möhre schälen und dekorativ zurechtschneiden. Die Shiitake-Pilze waschen oder abreiben, die Stiele entfernen. Den Spinat oder die Kresse waschen und verlesen. Den Chinakohl putzen, waschen und in 1–2 cm breite Streifen schneiden. Die Bambussprossen kleinschneiden.

**2.** Alle vorbereiteten Zutaten auf Platten anrichten, die Nudeln bereitstellen.

**3.** Etwa 3 l Wasser in einem Topf aufkochen, das Algenstück hineingeben und etwa 10 Minuten köcheln lassen. Ausreichend Sud in den Feuertopf umgießen, dabei das Algenstück herausnehmen, den Sud auf dem Rechaud am Köcheln halten.

*Am Tisch* gibt jeder mit seinen Stäbchen Zutaten in die Brühe. Herausgefischt werden sie mit Stäbchen oder Sieben.

## Passende Beilagen:
Sesamdip (Seite 68), Rettichsauce (Seite 66).

*Im Bild oben: Koreanischer Feuertopf*
*Im Bild unten: Shabu-Shabu*

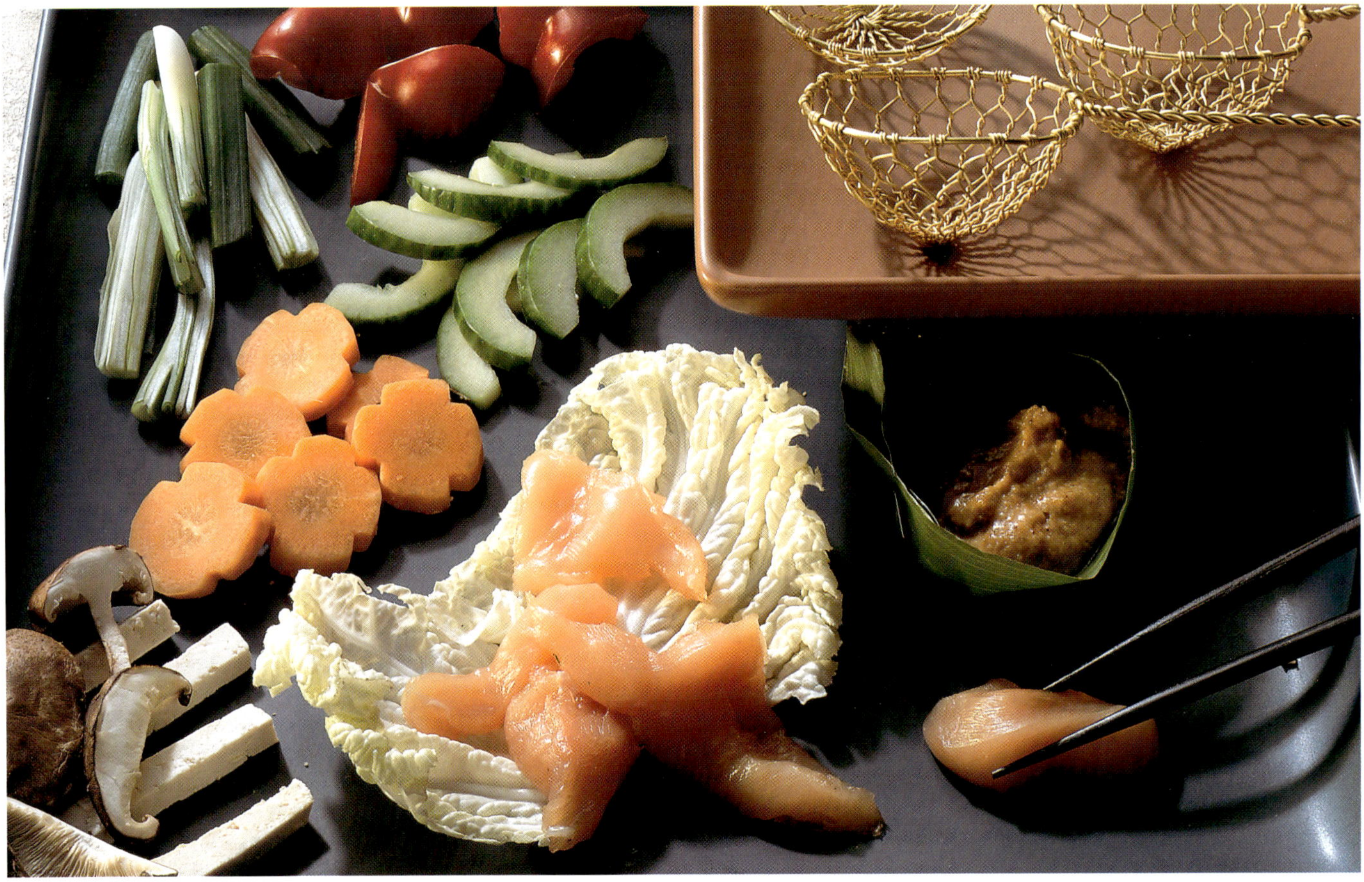

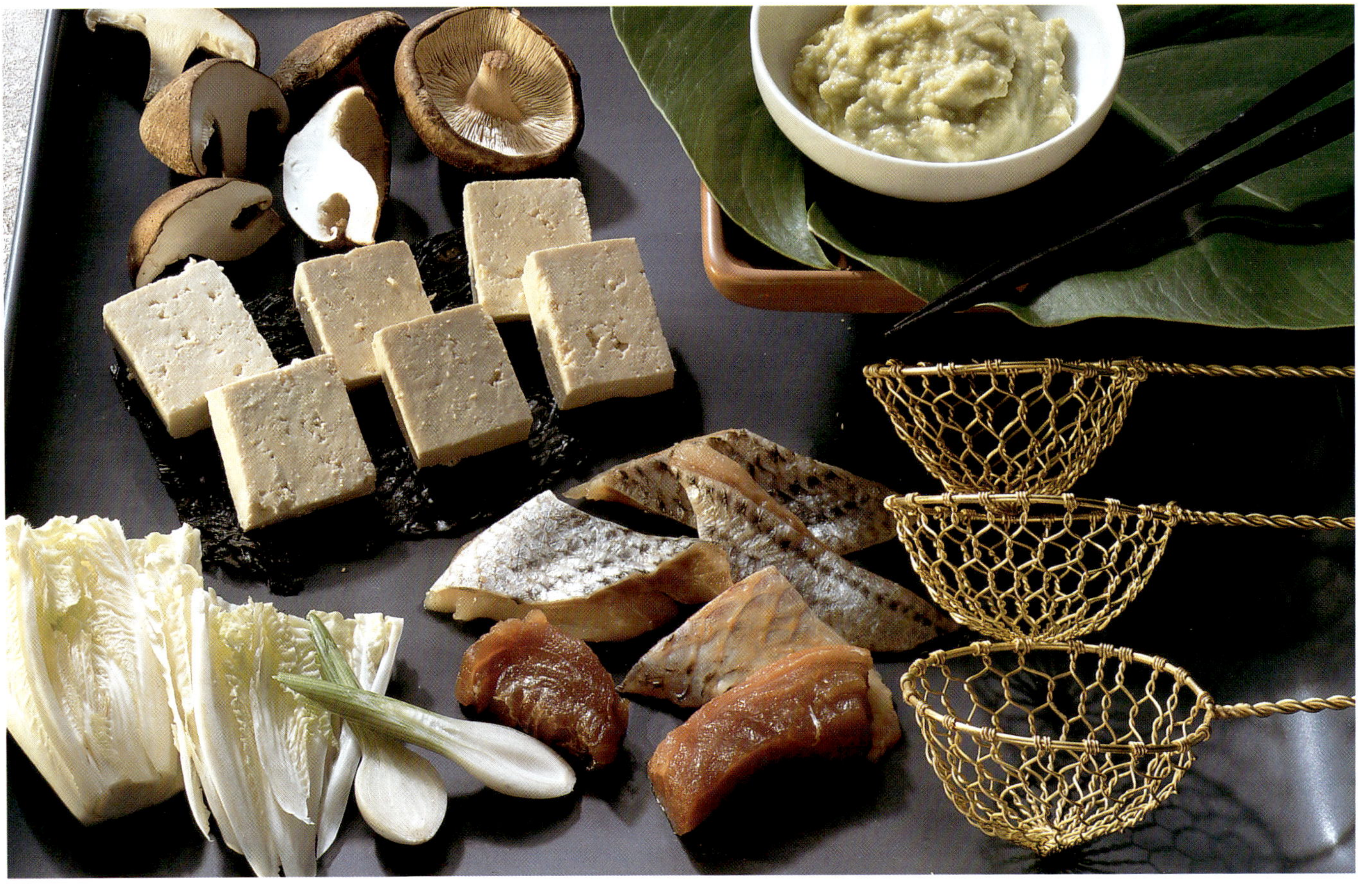

# Feuertopf mit Huhn

Zutaten für 4 Personen:
30 g getrocknete Shiitake-Pilze (Tongupilze)
2 rote Paprikaschoten
2–3 Möhren
1 kleine Salatgurke
1 Bund zarte Frühlingszwiebeln
1 sehr kleiner Chinakohl
500 g Hähnchenbrustfilet
250 g Tofu
3–4 l Hühnerbrühe
2 Eßl. japanischer Reiswein

## Mizutaki aus Japan

Pro Portion etwa: 1300 kJ/310 kcal

Vorbereitungszeit: etwa 1 Stunde

**1.** Die Shiitake-Pilze etwa 45 Minuten in warmem Wasser einweichen.

**2.** Die Paprikaschoten putzen, waschen und in feine Streifen schneiden. Die Möhren schälen, längs einkerben und in Scheiben schneiden (so daß Blüten oder Sterne entstehen).

**3.** Die Salatgurke heiß abwaschen, abtrocknen und längs halbieren. Entkernen und quer in etwa ½ cm dicke Scheiben schneiden. Die Frühlingszwiebeln putzen, waschen und in 3–4 cm lange Stücke schneiden, die unteren Enden zusätzlich längs halbieren.

**4.** Den Chinakohl putzen, waschen und mundgerecht zerschneiden. Die Pilze abtropfen lassen, eventuell in Streifen schneiden, dabei die Stiele entfernen.

**5.** Die Hähnchenbrustfilets kalt abwaschen, abtrocknen und in 2–3 cm kleine Würfel schneiden. Den Tofu ebenso kleinschneiden.

**6.** Alle Zutaten dekorativ auf Platten anrichten.

**7.** Die Brühe in einem Topf auf dem Herd aufkochen. Einen Teil davon in den Feuertopf gießen, mit dem Reiswein würzen und auf dem Rechaud am Köcheln halten. Die restliche Brühe zum Nachgießen in der Küche auf dem Herd bei schwacher Hitze heiß halten.

*Am Tisch* wird stets ein Teil aller Zutaten in den Feuertopf gegeben und darin einige Minuten geköchelt. Dann fischt jeder mit seinem Siebchen Zutaten heraus und tunkt sie in eine Sauce.

### Passende Beilagen:
Gekochter Reis.
Wasabi (grüner Meerrettich).
Sesamdip (Seite 68), Soja- und Chilisauce.

# Fischtopf

Zutaten für 4 Personen:
500–600 g Meeresfischfilets
1 Bund Frühlingszwiebeln
100 g frische Shiitake-Pilze (ersatzweise Austernpilze oder Champignons)
250 g Tofu
1 kleiner Chinakohl (etwa 500 g)
1 Stück Nori (Seetang; im Naturkostoder Asienladen)

## Chiri Nabe aus Japan

Pro Portion etwa: 850 kJ/200 kcal

Vorbereitungszeit: etwa 1 Stunde

**1.** Die Fischfilets waschen, abtrocknen und in mundgerechte Stücke schneiden. Zugedeckt kalt stellen.

**2.** Die Frühlingszwiebeln putzen und waschen, in schräge, etwa 2 cm lange Stücke schneiden. Die Pilze abreiben, eventuell etwas kleiner schneiden. Den Tofu in 2–3 cm große Würfel schneiden. Den Chinakohl putzen, waschen und in mundgerechte Stücke schneiden. Alle Zutaten auf Platten anrichten.

**3.** Den Fondue- oder Feuertopf gut zur Hälfte mit Wasser füllen, das Seetangstück hineingeben. Auf dem Herd zum Kochen bringen, dann auf dem Rechaud am Köcheln halten.

*Am Tisch* wird ein Teil der Zutaten in die kochende Brühe gegeben. Jeder fischt gegarte Zutaten mit seinem Siebchen heraus und tunkt sie in eine Sauce. Ist zu viel Flüssigkeit verkocht, heißes Wasser nachfüllen.

### Passende Beilagen:
Soja-Zitronen-Dip (Seite 66).
Nach Geschmack Wasabi (grüner Meerrettich), Soja- und Chilisauce, eventuell Reis.

### Tip
Als Garflüssigkeit Fischfond verwenden und diesen mit etwas Sojasauce würzen. Das Fondue schmeckt dann kräftiger.

# Gemüsefondue

Zutaten für 4 Personen:
300 g breite Reisnudeln
200 g frische Bohnenkeime
1 Bund Brunnenkresse
250 g kleine Champignons
je 1 rote und gelbe Paprikaschote
400 g Zucchini
700 g Lauch
3–4 l Gemüse- oder Hühnerbrühe

## Kalorienarm

Pro Portion etwa: 1500 kJ/360 kcal

Vorbereitungszeit: etwa 45 Minuten

**1.** Die Reisnudeln in einer Schüssel mit heißem Wasser übergießen und etwa 15 Minuten quellen lassen.

**2.** Die Bohnenkeime abbrausen und abtropfen lassen. Die Kresse waschen und verlesen, grobe Stiele abzwicken. Die Champignons waschen oder abreiben und putzen, eventuell in Scheiben schneiden.

**3.** Die Paprikaschoten putzen, waschen und in kleine Stücke schneiden. Die Zucchini und den Lauch putzen, waschen und in dünne Scheiben schneiden.

**4.** Die Nudeln abtropfen lassen, zusammen mit den übrigen Zutaten auf Tellern oder Platten anrichten.

**5.** Die Brühe auf dem Herd in einem Topf aufkochen. Einen Teil in den Feuertopf gießen und auf dem Rechaud am Köcheln halten. Den Rest in der Küche zum Nachgießen heiß halten.

*Am Tisch* gibt jeder Zutaten seiner Wahl in die Brühe und hebt sie mit seinem Siebchen wieder heraus.

## Passende Beilagen:

Curry-Kokosraspel (Seite 62), Erdnuß-dip (Seite 62), Kräuterdip (Seite 64), Gorgonzolasauce (Seite 64), Thunfisch-Kapern-Sauce (Seite 68).

# Zucchiniröllchen und Lauchringe

Zutaten für 4 Personen:
2 dicke Zucchini (etwa 400 g)
Salz
schwarzer Pfeffer, frisch gemahlen
3 dünne Scheiben gekochter Schinken
(etwa 100 g)
4 mitteldicke Lauchstangen
(etwa 700 g)
200 g Bratwurstbrät
Holzspießchen

## Ergänzung zum Gemüse-fondue

Pro Portion etwa: 1200 kJ/290 kcal

Vorbereitungszeit: etwa 30 Minuten

**1.** Für die Zucchiniröllchen in einem breiten Topf Wasser zum Kochen bringen. Die Zucchini waschen, putzen und längs halbieren, auf die Schnittfläche legen und parallel zum Brett in dünne Scheiben schneiden. Die Scheiben für 1–2 Minuten ins kochende Wasser legen, herausheben, ausbreiten und mit Küchenpapier abtrocknen. Salzen und pfeffern. Den Schinken passend zurechtschneiden und darauf legen. Die Zucchinischeiben aufrollen und mit Holzspießchen feststecken.

**2.** Für die Lauchringe den Lauch putzen und gründlich waschen, dafür nicht aufschlitzen. In etwa 1 cm lange Stücke schneiden, jeweils die inneren Ringe vorsichtig herauslösen. Statt dessen das Brät in die Lauchringe füllen. Den ausgelösten Lauch und das übriggebliebene Lauchgrün kleinschneiden.

## Tip
Die Zucchiniröllchen und die Lauchringe passen gut zum Gemüsefondue auf Seite 50. Sie können dafür dort die Zucchini und den Lauch weglassen. Wenn Sie das Fondue für mehr als vier Personen zubereiten, sollten Sie zusätzlich anderes Gemüse anbieten.

51

# Feuertopf mit Bällchen

Zutaten für 4 Personen:

**Für die Hähnchenbällchen:**
350 g Hähnchenbrustfilet
1 Bund Schnittlauch
2 Eier
2 Eigelb
50 g gemahlene Mandeln
20 g gehackte Mandeln
Salz
schwarzer Pfeffer, frisch gemahlen
¼ Teel. gemahlener Kreuzkümmel

**Für die Broccoliklößchen:**
Salz
200 g Broccoli (geputzt gewogen; Einkaufsmenge etwa 400 g)
2 Eier
6 Eßl. Semmelbrösel
2 Eßl. Grieß
Muskatnuß, frisch gerieben
schwarzer Pfeffer, frisch gemahlen

**Für die Forellenklößchen:**
2 Brötchen vom Vortag
⅛ l lauwarme Milch
1 kleine Zwiebel
1 Teel. Butter
100 g geräuchertes Forellenfilet
½ Bund glatte Petersilie
2 Eigelb
etwas abgeriebene Schale einer unbehandelten Zitrone
schwarzer Pfeffer, frisch gemahlen

**Außerdem:**
200 g Glasnudeln oder breite Reisnudeln
200 g frische Bohnenkeime
1 rote Paprikaschote
200 g Champignons
400 g Blattgemüse (zum Beispiel Chinakohl, Spinat, Brunnenkresse)
3–4 l Hühnerbrühe

## Braucht etwas Zeit

Pro Portion etwa: 3200 kJ/760 kcal

Vorbereitungszeit: etwa 2 Stunden

**1.** Für die Hähnchenbällchen das Fleisch waschen, abtrocknen und im Mixer pürieren.

**2.** Den Schnittlauch waschen, abtrocknen und in feine Röllchen schneiden, mit den übrigen Zutaten zum Hähnchenfleisch geben. Alles gründlich vermengen und pikant abschmecken. Knapp walnußgroße Bällchen daraus formen, dabei zwischendurch die Hände unter kaltes Wasser halten. Die Bällchen zugedeckt kühl stellen.

**3.** Für die Broccoliklößchen wenig Salzwasser zum Kochen bringen. Den Broccoli waschen und putzen, kleinschneiden und zugedeckt bei mittlerer Hitze in etwa 7 Minuten garen. Gut abtropfen lassen, pürieren.

**4.** Die Eier, die Semmelbrösel und den Grieß zum Broccoli geben, alles nochmals kurz pürieren. Mit Salz, Muskat und Pfeffer abschmecken, die Masse zugedeckt mindestens 10 Minuten im Kühlschrank quellen lassen. Anschließend knapp walnußgroße Bällchen daraus formen, dabei zwischendurch die Hände unter kaltes Wasser halten. Die Klößchen zugedeckt kühl stellen.

**5.** Für die Forellenklößchen die Brötchen in dünne Scheiben und dann in kleine Würfel schneiden, in eine Schüssel geben. Mit der Milch begießen, gründlich vermengen und quellen lassen.

**6.** Inzwischen die Zwiebel schälen und sehr fein würfeln. Die Butter in einer kleinen Pfanne zerlassen, die Zwiebel darin bei schwacher Hitze glasig werden lassen. Abkühlen lassen.

**7.** Die Forellenfilets eventuell häuten, vor allem sorgfältig alle Gräten entfernen.

**8.** Die Petersilie waschen, abtrocknen und grob hacken, mit dem Forellenfleisch pürieren. Die Eigelbe untermengen, die eingeweichten Brötchenwürfel untermixen. Die Mischung mit Zitronenschale und Pfeffer pikant abschmecken. Zugedeckt mindestens 10 Minuten kühl stellen. Anschließend

knapp walnußgroße Bällchen daraus formen, dabei zwischendurch die Hände unter kaltes Wasser halten.

**9.** Die Nudeln in einer Schüssel mit heißem Wasser übergießen und etwa 10 Minuten quellen, dann abtropfen lassen.

**10.** Die Bohnenkeime abbrausen und gut abtropfen lassen. Die Paprikaschote waschen, putzen und in feine Streifen schneiden. Die Pilze waschen oder abreiben und putzen, in dicke Scheiben schneiden. Das Blattgemüse putzen, waschen und mundgerecht zerschneiden, auf Platten ausbreiten. Die Klößchen und die übrigen Zutaten darauf anrichten.

**11.** Die Brühe in einem Topf auf dem Herd erhitzen. Einen Teil davon in den Feuertopf gießen und auf dem Rechaud am Köcheln halten, den Rest in der Küche zum Nachgießen heiß halten.

*Am Tisch* gibt jeder Zutaten nach seinem Geschmack mit seinem Siebchen in die köchelnde Brühe.

**Passende Beilagen:**
Basilikum-Tomaten-Dip (Seite 68), Mandeldip (Seite 60), Mascarpone-Knoblauch-Dip (Seite 60), Erdnußdip (Seite 62).

**Varianten:**
Das Gemüse können Sie nach Geschmack und Verfügbarkeit jederzeit variieren. Anstelle der Glas- oder Reisnudeln können Sie auch gekochten Reis als Beilage servieren, dieser wird jedoch nicht in die Brühe gegeben.
Wenn Ihnen die Zubereitung von drei verschiedenen Klößchen zu aufwendig ist, wählen Sie eine oder zwei Sorten aus. Sie können bei diesen Sorten die Mengen erhöhen, oder Sie stellen zusätzlich kleingeschnittenes Fleisch oder Fischfilet bereit.
Möchten Sie sechs oder acht Personen mit dem Feuertopf bewirten, können Sie ebenfalls die Mengen entsprechend erhöhen oder zusätzlich andere Klößchen zubereiten. Ein Rezept für Garnelenbällchen finden Sie auf Seite 33.

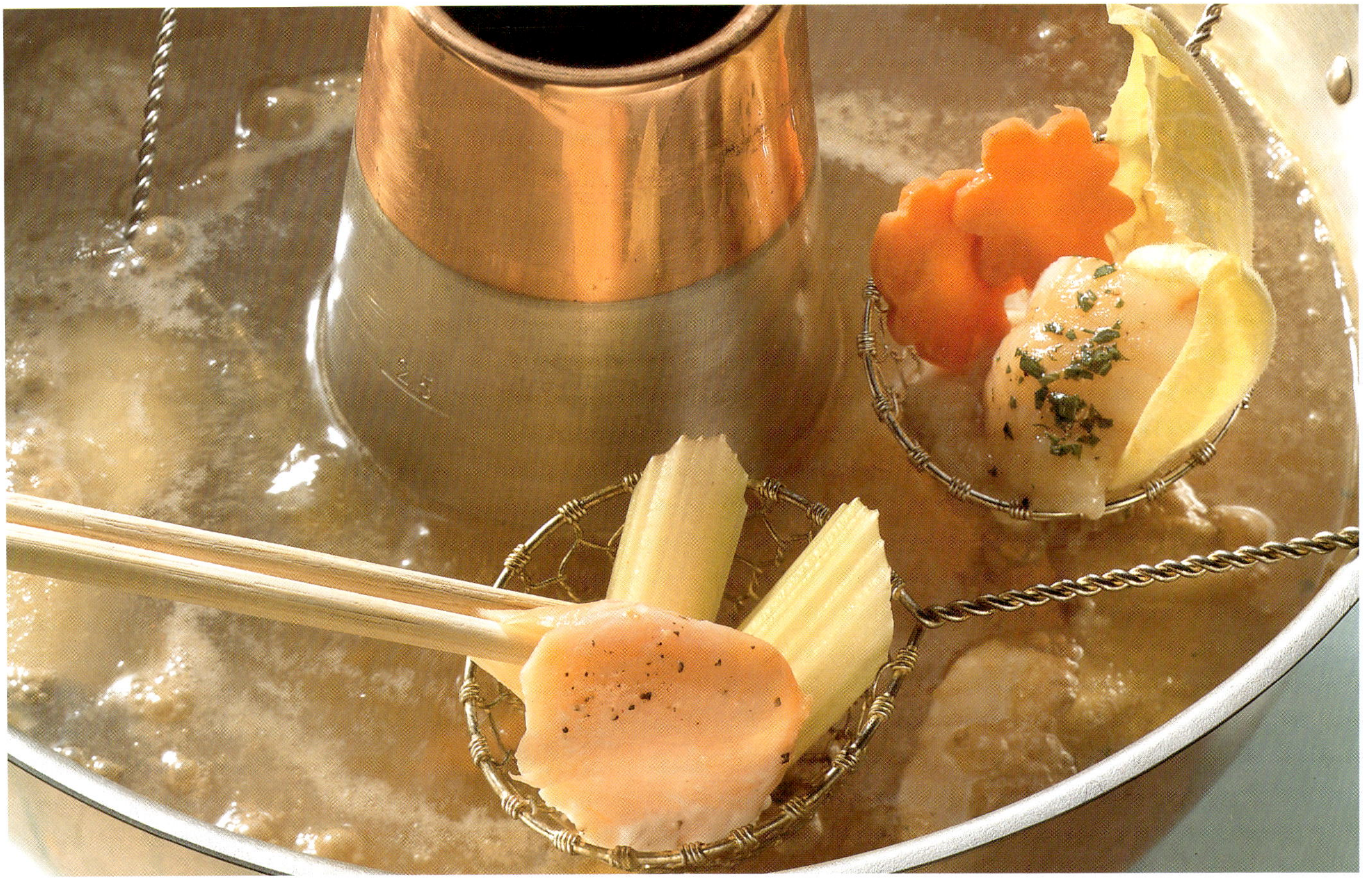

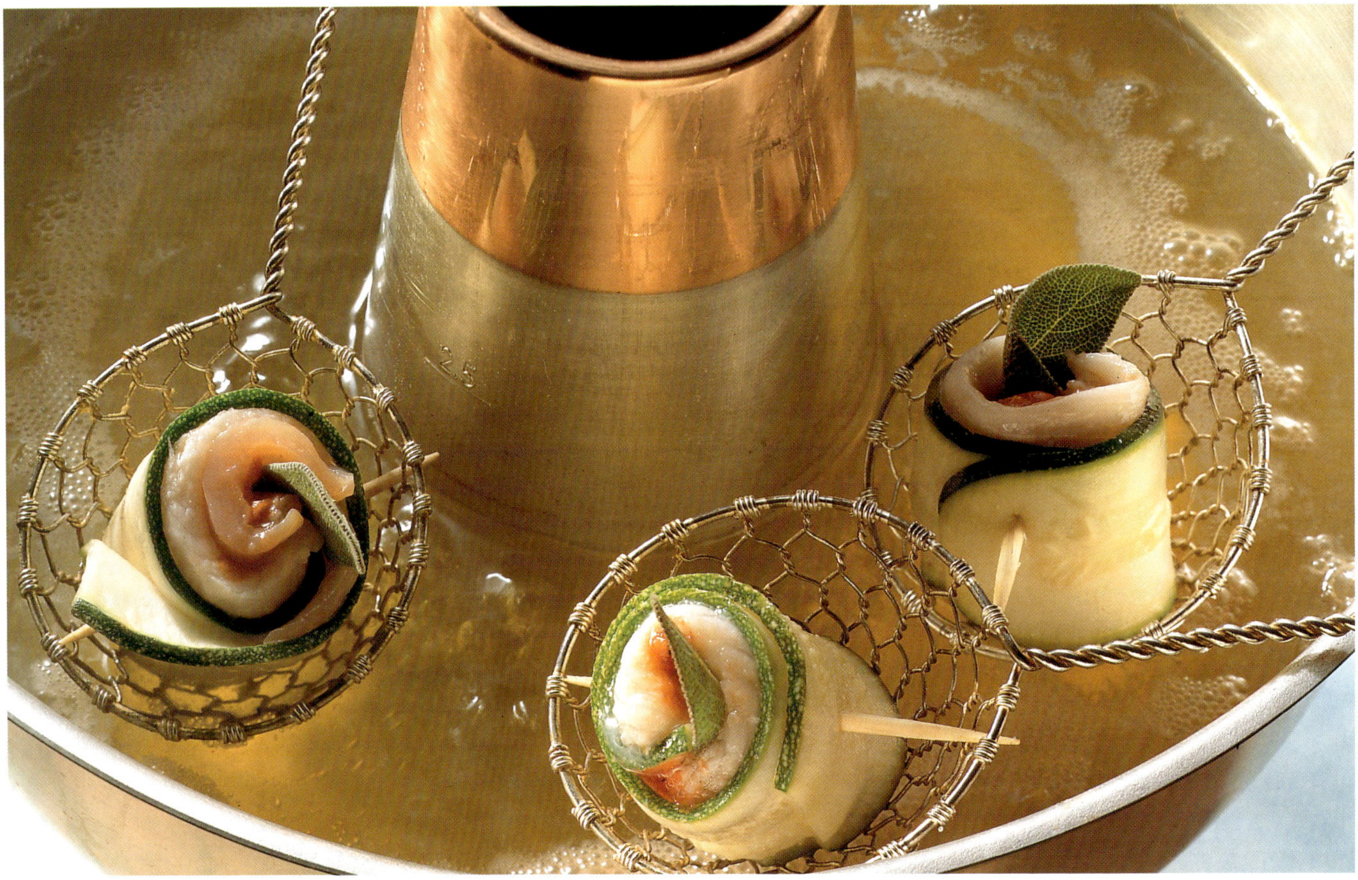

# Gemischtes Fischfondue

Zutaten für 4 Personen:
250 g Lachsfilet
250 g Rotbarschfilet
250 g Wallerfilet
1 walnußgroßes Stück Ingwerwurzel
2 Knoblauchzehen
6 Eßl. helle Sojasauce
weißer Pfeffer, frisch gemahlen
1 Handvoll Koriandergrün (im arabischen oder asiatischen Spezialitätengeschäft)
2 Eßl. Zitronensaft
1 Staudensellerie
3 Stauden Chicorée
3 Möhren
3–4 l Fisch- oder Gemüsebrühe

## Kalorienarm

Pro Portion etwa: 1500 kJ/360 kcal

Vorbereitungszeit: etwa 45 Minuten

**1.** Alle Fischfilets kalt abspülen, abtrocknen, Gräten entfernen. Die Filets in dünne Scheiben schneiden.

**2.** Den Ingwer und den Knoblauch schälen und sehr fein würfeln, mit 4 Eßlöffeln Sojasauce und Pfeffer verquirlen, die Rotbarschscheiben darin wenden.

**3.** Das Koriandergrün vorsichtig waschen, abtrocknen und hacken, mit dem Zitronensaft, 2 Eßlöffeln Sojasauce und Pfeffer verrühren, die Wallerscheiben darin wenden.

**4.** Den Staudensellerie waschen, putzen und in feine Scheiben schneiden. Den Chicorée waschen, putzen und in einzelne Blätter zerlegen, diese quer halbieren. Die Möhren putzen, waschen und in dünne, schräge Scheiben schneiden.

**5.** Alle Zutaten auf Tellern oder Platten anrichten, zugedeckt kalt stellen.

**6.** Die Brühe in einem Topf auf dem Herd aufkochen, einen Teil davon in den Feuertopf gießen und auf dem Rechaud am Köcheln halten. Die restliche Brühe in der Küche zum Nachgießen heiß halten.

*Am Tisch* werden alle Zutaten nach und nach mit Siebchen in die köchelnde Brühe gehalten.

## Passende Beilagen:
Zwiebelbaguette, Weißbrot oder Reis. Koriander-Soja-Dip (Seite 62), Kräuterdip (Seite 64), Curry-Quark-Dip (Seite 64), Dillcreme mit Tomaten (Seite 64).

# Schollenröllchen im Zucchinimantel

Zutaten für 4 Personen:
1 großer Zucchino
300 g Schollenfilets
2 Eßl. Limetten- oder Zitronensaft
2 Eßl. Tomatenmark
Salz
weißer Pfeffer, frisch gemahlen
gemahlener Koriander
3 Zweige frischer Salbei
Holzspießchen

## Ergänzung zum Fischfondue

Pro Portion etwa: 330 kJ/80 kcal

Vorbereitungszeit: etwa 40 Minuten

**1.** In einem breiten Topf reichlich Wasser zum Kochen bringen. Den Zucchino putzen und waschen. Längs in dünne Scheiben hobeln oder schneiden. Die Scheiben im kochenden Wasser etwa 1 Minute vorgaren, dann abtropfen lassen und ausbreiten, einmal quer durchschneiden.

**2.** Die Schollenfilets kalt abwaschen, abtrocknen und in 2–3 cm breite Streifen schneiden. Ausbreiten und mit dem Limetten- oder Zitronensaft beträufeln.

**3.** Das Tomatenmark mit Salz, Pfeffer und Koriander verrühren, den Fisch damit bestreichen.

**4.** Den Salbei vorsichtig waschen und abtrocknen, die Blättchen auf die Fischstreifen legen. Die Streifen aufrollen, jeweils mit 1 Zucchinistück umwickeln und alles mit Holzspießchen feststecken.

## Tip
Die Schollenröllchen zum gemischten Fischfondue reichen. Dafür eine der angegebenen Fisch-Varianten weglassen oder die Mengen entsprechend reduzieren. Wenn Sie das Fondue für sechs Personen zubereiten möchten, passen die Röllchen ausgezeichnet als Ergänzung.

## Varianten:
Kleine Zucchini mit einem Sparschäler längs in sehr dünne Scheiben hobeln, auf die gewürzten Schollenfilets legen und beides zusammen aufrollen. Sie können auch feine Streifen Räucherlachs zusammen mit den Schollenfilets aufrollen. Für einen besonderen Anlaß die noch feineren Seezungenfilets verwenden.

## Raffiniert: Saucen und andere Beilagen

Was wäre ein Fondue ohne Dips und Saucen, ohne Brot und Salate? Stets lockt eine Vielzahl davon zum Zugreifen, zum Ausprobieren, zum Kombinieren, zum Verfeinern. Damit Sie ganz nach Ihrem Geschmack wählen können, finden Sie auf den folgenden Seiten ein reichhaltiges Rezeptangebot. Bei den Fondues mit Fett und Brühe steht jeweils, welche Dips der folgenden Seiten dazu passen.

# Chinakohl-Reis-Salat

Zutaten für 4 Personen:
100 g Reis (möglichst Duftreis)
Salz
½ kleiner Chinakohl (etwa 150 g)
150 g frische Bohnenkeime
100 g kleine feste Tomaten
1 Knoblauchzehe
3 Eßl. helle Sojasauce
2 Eßl. Reisessig
schwarzer Pfeffer, frisch gemahlen
1 Teel. Zucker
1 Teel. Sambal Oelek
1 Eßl. Sesamöl
2 Eßl. Sojaöl

## Preiswert

Pro Portion etwa: 700 kJ/170 kcal

Zubereitungszeit: etwa 30 Minuten

1. Gut 200 ml Wasser in einem Topf aufkochen, den Reis einstreuen, leicht salzen. Den Reis gut zugedeckt bei schwacher Hitze in etwa 20 Minuten ausquellen lassen.

2. Inzwischen den Chinakohl putzen, waschen und trockenschütteln. Die Blätter in 1–2 cm breite Streifen schneiden.

3. Die Bohnenkeime kalt abbrausen, gut abtropfen lassen. Die Tomaten waschen und vierteln. Entkernen und ohne die Stielansätze in kleine Würfel schneiden.

4. Den Knoblauch schälen und zerdrücken, mit der Sojasauce, dem Reisessig, Pfeffer, Zucker, Sambal Oelek, dem Sesam- und dem Sojaöl verrühren. Das vorbereitete Gemüse gründlich darin wenden.

5. Den Reis eventuell abtropfen lassen, mit einer Gabel auflockern und zum Gemüse geben. Alles vermengen und bis zum Servieren abgedeckt in den Kühlschrank stellen.

• Paßt gut zu vielen Fondue- und Feuertopfvarianten, besonders zu allen asiatischen Kombinationen.

# Krautsalat

Zutaten für 4 Personen:
1 mittelgroßer Weißkohl (etwa 700 g)
75 g durchwachsener Räucherspeck
2 Zwiebeln
⅛ l Fleischbrühe
3 Eßl. Weißweinessig
2 Teel. scharfer Senf
Salz
schwarzer Pfeffer, frisch gemahlen
5 Eßl. Öl

## Aus Bayern

Pro Portion etwa: 1100 kJ/260 kcal

Zubereitungszeit: etwa 30 Minuten
(+ mindestens 2 Stunden Marinierzeit)

1. Den Weißkohl putzen und waschen, die äußeren Blätter entfernen. Den Kohlkopf achteln und ohne den harten Mittelstrunk in feine Streifen schneiden oder hobeln.

2. Den Speck entrinden, klein würfeln und in einer Pfanne bei mittlerer Hitze langsam knusprig ausbraten.

3. Die Zwiebeln schälen und fein würfeln. Zum Speck geben und unter Rühren glasig werden lassen. Die Brühe und den Essig angießen, alles in eine große Schüssel umgießen.

4. Die Marinade mit Senf, Salz und Pfeffer kräftig würzen, die Kohlstreifen untermengen und den Kohl zugedeckt mindestens 2 Stunden durchziehen lassen.

5. Zum Servieren das Öl unter den Kohl mengen und alles nochmal abschmecken.

• Paßt gut zu vielen herzhaften Fondues.

# Kartoffel-Gurken-Salat

Zutaten für 4 Personen:
750 g festkochende Kartoffeln
Salz
3–4 Schalotten
1 Salatgurke
1 Bund Radieschen
100 ml Gemüsebrühe
3 Eßl. Apfelessig
2½ Eßl. Salatmayonnaise
2½ Eßl. Joghurt
schwarzer Pfeffer, frisch gemahlen

## Preiswert

Pro Portion etwa: 870 kJ/210 kcal

Zubereitungszeit: etwa 1 Stunde

1. Die Kartoffeln waschen und abbürsten, in Salzwasser zugedeckt nicht zu weich garen.

2. Inzwischen die Schalotten schälen und sehr fein würfeln. Die Gurke schälen, längs halbieren und die Kerne herauskratzen. Die Gurkenhälften in dünne Scheiben schneiden. Die Radieschen putzen, waschen und in dünne Scheiben schneiden.

3. Die Kartoffeln abgießen, etwas abkühlen lassen, pellen und in Scheiben schneiden.

4. Die Brühe erhitzen und in eine große Schüssel gießen. Mit dem Essig, der Mayonnaise und dem Joghurt verquirlen, mit Salz und Pfeffer würzen. Die Schalotten, die Kartoffeln, die Gurken und die Radieschen dazugeben und alles gut vermengen. Den Salat etwas durchziehen lassen und noch einmal abschmecken.

• Paßt als Beilage zu vielen Fleisch- und Fischfondues. Nach Geschmack können Sie den Salat zusätzlich mit frischen Kräutern (beispielsweise Dill zu einem Fischfondue, Schnittlauch zu einem deftigen Fondue) verfeinern.

*Im Bild oben: Chinakohl-Reis-Salat*
*Im Bild Mitte: Krautsalat*
*Im Bild unten: Kartoffel-Gurken-Salat*

# Preiselbeerdip

Zutaten für 4 Personen:
100 g Magerquark
3 Eßl. Preiselbeeren aus dem Glas
schwarzer Pfeffer, frisch gemahlen
2 Teel. Apfelessig
2 Eßl. helle Sojasauce
1 Teel. Currypaste (im guten Supermarkt oder Asienladen)

## Schnell fertig

Pro Portion etwa: 170 kJ/40 kcal

Zubereitungszeit: etwa 10 Minuten

1. Den Quark mit den Preiselbeeren verquirlen.

2. Die Mischung mit Pfeffer, dem Essig, der Sojasauce und der Currypaste abschmecken.

# Mascarpone-Knoblauch-Dip

Zutaten für 4 Personen:
1 große Knolle junger Knoblauch
100 g Mascarpone
5 Eßl. Milch
2 kleine rote Chilischoten
Salz
schwarzer Pfeffer, frisch gemahlen
2–3 Teel. Zitronensaft

## Raffiniert

Pro Portion etwa: 390 kJ/90 kcal

Zubereitungszeit: 45–75 Minuten
(+ mindestens 2 Stunden Marinierzeit)

1. Den Backofen auf 200° vorheizen. Die Knoblauch-Knolle hineinlegen und in 30–60 Minuten weich backen.

2. Die Knolle etwas abkühlen lassen, dann in die einzelnen Zehen zerteilen. Das weiche Fruchtfleisch mit dem Messer aus den Häutchen drücken und in eine Schüssel geben.

3. Den Mascarpone und die Milch gründlich unterrühren.

4. Die Chilischoten putzen, entkernen, waschen, sehr fein hacken und unter die Mascarponecreme mischen.

5. Die Creme mit Salz, Pfeffer und Zitronensaft abschmecken, zugedeckt im Kühlschrank mindestens 2 Stunden (oder über Nacht) durchziehen lassen.

# Mandeldip

Zutaten für 4 Personen:
75 g Mandeln
100 g Sahne
Salz
schwarzer Pfeffer, frisch gemahlen
einige Tropfen Tabasco
etwas frisches Koriandergrün oder Dill

## Raffiniert

Pro Portion etwa: 790 kJ/190 kcal

Zubereitungszeit: etwa 25 Minuten

1. Die Mandeln kurz überbrühen, abgießen, kalt abbrausen und aus den Häutchen drücken. Den größten Teil der Mandeln fein mahlen, den Rest klein hacken oder hobeln.

2. Alle Mandeln in einer trockenen Pfanne unter Rühren goldgelb rösten. Dann mit der Sahne und 5–6 Eßlöffeln Wasser ablöschen und unter Rühren dicklich einkochen lassen.

3. Den Dip mit Salz, Pfeffer und einigen Tropfen Tabasco abschmecken, abkühlen lassen. Mit Koriandergrün oder Dill bestreuen.

# Rote-Bete-Sauce

Zutaten für 4 Personen:
400 g rote Beten
2 Eßl. Weinessig
3–4 Eßl. Öl
Salz
schwarzer Pfeffer, frisch gemahlen
2–3 Teel. Meerrettich, frisch gerieben
1 Teel. Schnittlauchröllchen

## Preiswert

Pro Portion etwa: 440 kJ/100 kcal

Zubereitungszeit: 55–75 Minuten

1. Die roten Beten waschen. In reichlich Wasser in einem Topf zugedeckt weich kochen. Das dauert je nach Größe der Knollen meist 40–60 Minuten.

2. Die roten Beten abgießen und etwas abkühlen lassen. Unter fließendem Wasser schälen oder die Haut abziehen. Die Knollen dann grob würfeln.

3. Die roten Beten pürieren. Mit dem Essig, dem Öl, Salz, Pfeffer und Meerrettich nach Geschmack verrühren. Zum Servieren mit den Schnittlauchröllchen bestreuen.

# Scharfe Zimtbutter

Zutaten für 4 Personen:
½ Limette
1–2 frische rote Chilischoten
100 g weiche Butter
½ Teel. Zimtpulver
Salz
schwarzer Pfeffer, frisch gemahlen

## Schnell fertig

Pro Portion etwa: 790 kJ/190 kcal

Zubereitungszeit: etwa 10 Minuten

1. Die halbe Limette heiß abwaschen und abtrocknen. Die Schale fein abreiben, 1 Eßlöffel Saft auspressen.

2. Die Chilischoten putzen, entkernen, waschen und in sehr feine Ringe schneiden.

3. Die Butter mit der Limettenschale, dem -saft, den Chiliringen und dem Zimt verrühren, mit Salz und Pfeffer abschmecken.

*Im Bild oben: Rote-Bete-Sauce*
*Im Bild Mitte links: Mandeldip*
*Im Bild Mitte rechts:*
*Mascarpone-Knoblauch-Dip*
*Im Bild unten links: Preiselbeerdip*
*Im Bild unten rechts:*
*Scharfe Zimtbutter*

## Koriander-Soja-Dip

Zutaten für 4 Personen:
1 gute Handvoll frisches Koriandergrün (im arabischen oder asiatischen Spezialitätengeschäft)
5 Eßl. Öl
10 Eßl. Sojasauce
2 Eßl. Zitronensaft
schwarzer Pfeffer, frisch gemahlen
3–4 Knoblauchzehen

### Schnell fertig

Pro Portion etwa: 450 kJ/110 kcal

Zubereitungszeit: etwa 10 Minuten

**1.** Das Koriandergrün vorsichtig waschen, abtrocknen, verlesen und fein hacken. Mit dem Öl, der Sojasauce, dem Zitronensaft und Pfeffer verquirlen.

**2.** Den Knoblauch schälen und durch die Presse dazudrücken.

## Erdnußdip

Zutaten für 4 Personen:
2 Eßl. Erdnußcreme
2 Eßl. Reiswein
½ Teel. Sambal Oelek
4 Eßl. Sojasauce
schwarzer Pfeffer, frisch gemahlen
1 Teel. gehacktes frisches Koriandergrün
Erdnüsse nach Belieben

### Schnell fertig

Pro Portion etwa: 220 kJ/50 kcal

Zubereitungszeit: etwa 10 Minuten

**1.** Die Erdnußcreme, den Reiswein, das Sambal Oelek und die Sojasauce verrühren.

**2.** Die Sauce mit Pfeffer abschmecken, das Koriandergrün untermengen. Nach Belieben mit gehackten Erdnüssen bestreuen.

## Gurken-Ingwer-Sauce

Zutaten für 4 Personen:
150 g Salatgurke
1 walnußgroßes Stück Ingwerwurzel
1 Knoblauchzehe
2 Eßl. Sesamöl
1 Teel. Sambal Oelek
2 Eßl. Fischsauce (Asienladen)

### Gelingt leicht

Pro Portion etwa: 170 kJ/40 kcal

Zubereitungszeit: etwa 20 Minuten

**1.** Die Gurke schälen und fein raspeln. Den Ingwer und den Knoblauch schälen, sehr fein hacken und im Sesamöl ganz leicht anbraten.

**2.** Die Gurkenraspeln mit der Flüssigkeit dazugeben. Die Sauce mit dem Sambal Oelek und der Fischsauce verrühren. Noch kurz leicht dicklich einkochen, dann abkühlen lassen.

## Süß-saure Tomatensauce

Zutaten für 4 Personen:
1 kleine Dose geschälte Tomaten (400 g)
1 Eßl. Zucker
2 Eßl. trockener Sherry nach Belieben
3 Eßl. Apfelessig
5 Eßl. Sojasauce
schwarzer Pfeffer, frisch gemahlen

### Gelingt leicht

Pro Portion etwa: 180 kJ/40 kcal

Zubereitungszeit: etwa 30 Minuten

**1.** Die Tomaten mit ihrem Saft durch ein feines Sieb in einen Topf streichen. Mit dem Zucker würzen, bei starker Hitze dicklich einkochen lassen.

**2.** Die Tomatensauce mit dem Sherry nach Belieben, dem Essig, der Sojasauce und Pfeffer abschmecken und abkühlen lassen.

## Chilidip

Zutaten für 4 Personen:
2 kleine rote Chilischoten
1 kleine grüne Chilischote
5 Eßl. Sojaöl
4 Teel. flüssiger Honig
8 Eßl. Sojasauce
8 Eßl. Hühnerbrühe

### Scharf-würzig

Pro Portion etwa: 510 kJ/120 kcal

Zubereitungszeit: etwa 15 Minuten

**1.** Die Chilischoten entkernen und in sehr feine Ringe schneiden. Mit dem Sojaöl, dem Honig, der Sojasauce und der Brühe verquirlen.

## Curry-Kokosraspel

Zutaten für 8 Personen:
1 frische Kokosnuß
1 Eßl. Öl
1–2 Eßl. Currypulver

### Von den Seychellen

Pro Portion etwa: 510 kJ/120 kcal

Zubereitungszeit: etwa 40 Minuten

**1.** Das Fleisch der Kokosnuß grob raspeln (siehe Seite 43).

**2.** Das Öl in einer breiten Pfanne nicht zu stark erhitzen, das Currypulver darin unter Rühren anschwitzen. Die Kokosraspeln dazugeben und alles gut vermengen, dabei eventuell noch 3–4 Eßlöffel Wasser dazugeben. Die fertigen Kokosraspel abkühlen lassen. Die Raspel halten sich im Kühlschrank einige Tage.

*Im Bild oben links: Erdnußdip*
*Im Bild oben rechts: Curry-Kokosraspel*
*Im Bild Mitte links:*
*Gurken-Ingwer-Sauce*
*Im Bild Mitte rechts:*
*Süß-saure Tomatensauce*
*Im Bild unten links: Koriander-Soja-Dip*
*Im Bild unten rechts: Chilidip*

## Kräuterdip

Zutaten für 4 Personen:
100 g Schalotten
1 Bund glatte Petersilie
1 Bund Schnittlauch
1 Bund Basilikum
4 Eßl. Balsamessig
Salz
schwarzer Pfeffer, frisch gemahlen
4 Eßl. Olivenöl, kaltgepreßt
4 Eßl. Hühnerbrühe

### Vitaminreich

Pro Portion etwa: 330 kJ/80 kcal

Zubereitungszeit: etwa 20 Minuten

**1.** Die Schalotten schälen und sehr fein würfeln. Die Kräuter waschen, abtrocknen und fein hacken.

**2.** Die Schalotten mit den Kräutern, dem Essig, Salz und Pfeffer verrühren, das Öl unterschlagen, dann die Brühe unterrühren. Den Dip abschmecken.

## Apfel-Orangen-Sauce

Zutaten für 4 Personen:
½ unbehandelte Orange
1 kleiner säuerlicher Apfel
1 Eßl. Zitronensaft
1 Teel. Currypulver
Salz
schwarzer Pfeffer, frisch gemahlen
60 g Doppelrahm-Frischkäse

### Kalorienarm

Pro Portion etwa: 290 kJ/70 kcal

Zubereitungszeit: etwa 15 Minuten

**1.** Die Orange heiß abwaschen und abtrocknen. Die Schale fein abreiben, den Saft auspressen.

**2.** Den Apfel schälen, fein raspeln und mit der abgeriebenen Orangenschale, dem Orangen- und dem Zitronensaft, dem Curry, Salz, Pfeffer und dem Frischkäse verrühren. Die Sauce pikant abschmecken.

## Olivensauce

Zutaten für 4 Personen:
80 g grüne, entsteinte Oliven
2 Eßl. Zitronensaft
100 g Doppelrahm-Frischkäse
8 Eßl. Milch
20 g schwarze Oliven
Salz
weißer Pfeffer, frisch gemahlen

### Raffiniert

Pro Portion etwa: 590 kJ/140 kcal

Zubereitungszeit: etwa 15 Minuten

**1.** Die grünen Oliven mit dem Zitronensaft, dem Frischkäse und der Milch pürieren.

**2.** Die schwarzen Oliven entsteinen und in Scheiben schneiden. Die Hälfte davon unter die Olivensauce rühren, die Sauce mit Salz und Pfeffer abschmecken. Mit den übrigen schwarzen Olivenscheiben garnieren.

## Gorgonzolasauce

Zutaten für 4 Personen:
100 g Gorgonzola
150 g Magermilch-Joghurt
2 Eßl. trockener Sherry nach Belieben
2 Eßl. Schnittlauchröllchen
schwarzer Pfeffer, frisch gemahlen

### Schnell fertig

Pro Portion etwa: 460 kJ/110 kcal

Zubereitungszeit: etwa 10 Minuten

**1.** Den Gorgonzola eventuell entrinden, mit dem Joghurt und mit dem Sherry nach Belieben pürieren.

**2.** Die Schnittlauchröllchen untermengen, die Sauce mit Pfeffer pikant abschmecken.

## Dillcreme mit Tomaten

Zutaten für 4 Personen:
1 Bund Dill
2 Eßl. Schnittlauchröllchen
125 g Schmand
Salz · schwarzer Pfeffer, frisch gemahlen
gemahlener Koriander
1 Teel. Weißweinessig
1 feste Tomate

### Gelingt leicht

Pro Portion etwa: 510 kJ/120 kcal

Zubereitungszeit: etwa 15 Minuten

**1.** Den Dill waschen, gut abtrocknen und fein hacken, mit dem Schnittlauch, dem Schmand, Salz, Pfeffer, Koriander und dem Essig verquirlen. Die Creme würzig abschmecken.

**2.** Die Tomate waschen, entkernen und klein würfeln. Gut die Hälfte der Tomatenwürfel unter die Dillcreme rühren, den Rest obenauf streuen.

## Curry-Quark-Dip

Zutaten für 4 Personen:
125 g Speisequark
4 Eßl. Tomatenketchup
Salz
schwarzer Pfeffer, frisch gemahlen
2–3 Teel. Currypulver

### Schnell fertig

Pro Portion etwa: 220 kJ/50 kcal

Zubereitungszeit: etwa 10 Minuten

**1.** Den Quark mit dem Ketchup glattrühren, mit Salz, Pfeffer und dem Curry würzig abschmecken.

*Im Bild oben links: Gorgonzolasauce*
*Im Bild oben rechts:*
*Apfel-Orangen-Sauce*
*Im Bild Mitte links: Curry-Quark-Dip*
*Im Bild Mitte rechts:*
*Dillcreme mit Tomaten*
*Im Bild unten links: Olivensauce*
*Im Bild unten rechts: Kräuterdip*

# Pilz-Kokos-Dip

Zutaten für 4 Personen:
30 g getrocknete Shiitake-Pilze (Tongu-Pilze)
40 g feste Kokoscreme (am Stück)
1 Eßl. Öl
½–1 Eßl. Currypulver
5 Teel. Ketjap Manis (Asienladen)

## Aus Asien · Scharf

Pro Portion etwa: 800 kJ/190 kcal

Zubereitungszeit: etwa 20 Minuten

**1.** Die Pilze in etwas warmem Wasser einweichen, etwa 20 Minuten quellen lassen. Abtropfen lassen und ohne die Stiele sehr fein würfeln.

**2.** Die Kokoscreme fein reiben und mit etwa 100 ml Wasser verrühren.

**3.** Das Öl in einem kleinen Topf nicht zu stark erhitzen, das Currypulver darin kurz anschwitzen. Die Pilze und dann die Kokosmilch einrühren.

**4.** Das Ketjap Manis einrühren, alles offen bei starker Hitze mehr oder weniger stark einkochen, dann abkühlen lassen.

# Soja-Zitronen-Dip

Zutaten für 4 Personen:
2 Frühlingszwiebeln
1 walnußgroßes Stück Ingwerwurzel
2 Eßl. ungeschälte Sesamsamen
schwarzer Pfeffer, frisch gemahlen
5 Eßl. helle Sojasauce
5 Eßl. Zitronensaft

## Aus Japan

Pro Portion etwa: 180 kJ/40 kcal

Zubereitungszeit: etwa 25 Minuten

**1.** Die Frühlingszwiebeln putzen, waschen und sehr klein schneiden. Den Ingwer schälen und sehr fein würfeln.

**2.** Den Sesam in einer trockenen Pfanne rösten, bis er angenehm duftet.

**3.** Die Frühlingszwiebeln mit den Sesamsamen, dem Ingwer, Pfeffer, der Sojasauce und dem Zitronensaft verrühren.

# Rettichsauce

Zutaten für 4 Personen:
1 Knoblauchzehe
100 ml Zitronensaft
100 ml Sojasauce
4 Eßl. Reiswein
4 Eßl. Hühnerbrühe
60 g Rettich
1 Frühlingszwiebel

## Ponzu-Sauce aus Japan

Pro Portion etwa: 130 kJ/30 kcal

Zubereitungszeit: etwa 15 Minuten

**1.** Den Knoblauch schälen und zerdrücken, mit dem Zitronensaft, der Sojasauce, dem Reiswein und der Brühe verrühren.

**2.** Den Rettich schälen und fein reiben. Die Frühlingszwiebel putzen, waschen und in sehr feine Streifen schneiden. Beides unter die Sauce rühren.

# Scharf-süßsaurer Sojadip

Zutaten für 4 Personen:
4 kleine rote Chilischoten
5 Knoblauchzehen
1 Eßl. Sojaöl
50 g Palmzucker oder brauner Zucker
100 ml Sojasauce
5 Eßl. Reisessig oder Weinessig
2 Teel. frisches, feingehacktes Koriandergrün

## Raffiniert

Pro Portion etwa: 380 kJ/90 kcal

Zubereitungszeit: etwa 25 Minuten

**1.** Die Chilischoten putzen, waschen, entkernen, den Knoblauch schälen.

Beides fein hacken, mit dem Öl in einem kleinen Topf unter Rühren bei mittlerer Hitze kurz anbraten.

**2.** Den Palmzucker zerbröckeln und dazugeben, mit der Sojasauce und dem Essig ablöschen. Die Sauce unter Rühren 2–3 Minuten durchkochen. Das Koriandergrün untermengen, die Sauce abkühlen lassen.

# Scharfe Erdnußsauce mit Gurken

Zutaten für 4 Personen:
3 kleine rote Chilischoten
1 haselnußgroßes Stück Ingwerwurzel
2 Knoblauchzehen
80 g Salatgurke
50 g geröstete, gesalzene Erdnüsse
3 Eßl. Zucker
3 Eßl. Limetten- oder Zitronensaft
2 Eßl. Sojasauce
75 ml milde Hühnerbrühe
1 Teel. gehacktes Koriandergrün

## Aus Asien

Pro Portion etwa: 460 kJ/110 kcal

Zubereitungszeit: etwa 30 Minuten

**1.** Die Chilischoten putzen, waschen, entkernen und sehr fein schneiden. Den Ingwer und den Knoblauch schälen und sehr fein hacken. Die Gurke schälen und raspeln.

**2.** Die Erdnüsse mahlen, mit den Chiliringen, dem Ingwer, dem Knoblauch, dem Zucker, dem Limettensaft, der Sojasauce und der Brühe in einen kleinen Topf geben. Unter gelegentlichem Rühren offen bei schwacher Hitze etwa 10 Minuten köcheln lassen. Dann das Koriandergrün untermengen und die Sauce abkühlen lassen.

*Im Bild oben links: Rettichsauce*
*Im Bild oben rechts: Pilz-Kokos-Dip*
*Im Bild Mitte links:*
*Scharf-süßsaurer Sojadip*
*Im Bild Mitte rechts:*
*Scharfe Erdnußsauce mit Gurken*
*Im Bild unten: Soja-Zitronen-Dip*

## Süß-scharfer Tomatendip

Zutaten für 4 Personen:
100 g Zucker
1 Teel. Salz
6 Eßl. Essig
2 gehäufte Teel. Sambal Oelek
1 kleine Dose Tomatenmark (70 g)
1 Teel. Speisestärke

### Gelingt leicht

Pro Portion etwa: 470 kJ/110 kcal

Zubereitungszeit: etwa 25 Minuten

**1.** Den Zucker mit dem Salz, dem Essig, dem Sambal Oelek und dem Tomatenmark in einen kleinen Topf geben. Die Mischung unter Rührem aufkochen.

**2.** Die Speisestärke mit wenig Wasser verquirlen, zur Tomatensauce gießen und unter Rühren dicklich kochen. Die Sauce dann abkühlen lassen.

## Basilikum-Dip

Zutaten für 4 Personen:
50 g Pinienkerne
3–4 Bund Basilikum (etwa 75 g)
3 Knoblauchzehen
250 g reife, feste Tomaten
80 ml Olivenöl, kaltgepreßt
1 Teel. Salz
schwarzer Pfeffer, frisch gemahlen

### Raffiniert

Pro Portion etwa: 1100 kJ/260 kcal

Zubereitungszeit: etwa 25 Minuten

**1.** Die Pinienkerne in einer trockenen Pfanne leicht rösten. Die Basilikumblättchen von den Stengeln zupfen, den Knoblauch schälen. Die Tomaten überbrühen, häuten und entkernen.

**2.** Alle Zutaten im Mixer pürieren und abschmecken.

## Thunfisch-Kapern-Sauce

Zutaten für 4 Personen:
1 kleine unbehandelte Zitrone
1 Dose Thunfisch in Öl (200 g)
100 g Vollmilch-Joghurt
Salz
schwarzer Pfeffer, frisch gemahlen
etwas Cayennepfeffer
2 Eßl. kleine Kapern

### Schnell fertig

Pro Portion etwa: 600 kJ/140 kcal

Zubereitungszeit: etwa 10 Minuten

**1.** Die Zitrone heiß abwaschen, die Schale abreiben, den Saft auspressen.

**2.** Den Thunfisch abtropfen lassen, mit dem Joghurt pürieren. Die Sauce mit Zitronensaft und -schale, Salz, schwarzem Pfeffer und etwas Cayennepfeffer abschmecken. Die Kapern untermengen.

## Chili-Knoblauch-Mayonnaise

Zutaten für 4 Personen:
5–6 große, junge Knoblauchzehen
2 große rote Chilischoten (Peperoni)
Salz
1 Ei
200 ml Olivenöl, kaltgepreßt

### Würzig

Pro Portion etwa: 2000 kJ/480 kcal

Zubereitungszeit: etwa 15 Minuten

**1.** Den Knoblauch schälen, die Chilischoten entkernen und waschen, im Mixer zur Paste verarbeiten. Salz und das Ei dazugeben, erneut mixen.

**2.** Nach und nach das Öl unter Rühren zuerst tropfenweise, dann im dünnen Strahl dazugeben, bis eine geschmeidige Mayonnaise entstanden ist. Die Mayonnaise abschmecken.

## Sesamdip

Zutaten für 4 Personen:
50 g ungeschälte Sesamsamen
3 Eßl. helle Sojasauce
75 ml Hühnerbrühe
2 Eßl. japanischer Reiswein
1 Teel. Reisessig
1 Teel. Sesamöl

### Aus Japan

Pro Portion etwa: 380 kJ/90 kcal

Zubereitungszeit: etwa 15 Minuten

**1.** Den Sesam in einer trockenen Pfanne rösten. Im Mörser zerstoßen, mit den übrigen Zutaten verrühren.

## Kokossauce

Zutaten für 4 Personen:
50 g feste Kokoscreme am Stück
100 ml Hühnerbrühe
2 kleine grüne Chilischoten
schwarzer Pfeffer, frisch gemahlen
½ Teel. Zucker

### Raffiniert

Pro Portion etwa: 640 kJ/150 kcal

Zubereitungszeit: etwa 20 Minuten

**1.** Die Kokoscreme raspeln, mit der Brühe erwärmen und glattrühren.

**2.** Die Chilischoten entkernen, kleinschneiden, mit Pfeffer und dem Zucker in der Kokossauce kurz aufkochen lassen.

*Im Bild oben links:*
*Süß-scharfer Tomatendip*
*Im Bild oben rechts:*
*Chili-Knoblauch-Mayonnaise*
*Im Bild Mitte links: Basilikum-Dip*
*Im Bild rechts: Sesamdip*
*Im Bild unten links: Kokossauce*
*Im Bild unten rechts:*
*Thunfisch-Kapern-Sauce*

# Klassisch: Käsefondues

Sie stammen aus der Schweiz, sie waren die ersten Fondues überhaupt, und für viele Genießer sind sie noch immer die feinsten. Brot, Kartoffeln, Würstchen oder Gemüse werden in erwärmten, würzigen Käse getaucht, damit eingehüllt und so zur wunderbaren Schlemmerei. Allgemeine Tips zum perfekten Gelingen und zu den vielen Variationsmöglichkeiten von Käsefondues finden Sie auf der nächsten Doppelseite. Das Rezept für das abgebildete Neuenburger Käsefondue steht auf Seite 74.

# Das Käsefondue

Beim Käsefondue, dem »Ursprungs«-fondue aus der Schweiz, wird Käse in Wein geschmolzen. Am Tisch rührt jeder kleine Brotstücke durch die Masse und umhüllt sie so mit Käse. Wie bei Fett-Fondue und »Feuertopf« können Sie auch hier die Zutaten immer wieder variieren. Wählen Sie verschiedene Käsesorten, Apfelwein statt Wein, Calvados statt Kirschwasser, reiben Sie den Caquelon mit Knoblauch oder Speckschwarte aus. Verfeinern Sie die fertige Käsemasse mit allerlei Gewürzen: Kümmel, Senf, Paprikapulver, Currypulver, grünem Pfeffer, Meerrettich, geröstetem Speck, gehackten Kräutern oder Nüssen. Färben Sie sie mit Safran oder Kurkuma. Dünsten Sie anfangs kleingeschnittene Pilze oder Gewürzgurken im Caquelon an.

Auch bei den Zutaten zum Dippen setzt nur Ihre Phantasie Grenzen. Tauschen Sie Brot aus durch kleine gekochte Kartoffeln, Obst, rohes oder blanchiertes Gemüse, Oliven oder Nudeln, Schinken oder Würstchen. Am Schluß hat sich am Topfboden eine Kruste gebildet. Um diese abzulösen, 1 Glas Kirschwasser darauf gießen, anzünden und abbrennen lassen. Die Käsemasse abkratzen.

Käsefondue wird in breiten, flachen Töpfen zubereitet. Früher waren es glasierte Tontöpfe, heute sind die Käsefonduetöpfe, die Caquelons, zumeist aus Keramik. Dieses Material nimmt die Hitze langsam auf, wird nicht zu heiß und gibt die Hitze gleichmäßig an den Käse ab, damit er gut schmilzt. Erhitzen Sie kein Öl im Caquelon, er könnte platzen. Aus dem gleichen Grund sollten Sie ihn nicht zu großen Temperaturschwankungen aussetzen. Wenn Sie die Hitze sehr niedrig halten, können Sie Käsefondue auch im gewöhnlichen Fonduetopf zubereiten.

### Die Käsesorten

Klassische Käsesorten für das Fondue sind Gruyère (Greyerzer), Emmentaler und Freiburger Vacherin. Es eignen sich aber auch andere Käsesorten für ein Fondue (siehe dazu Seite 11).

• Je älter der verwendete Käse ist, desto würziger schmeckt er und damit auch das fertige Fondue. Raffiniert: Mischen Sie jungen und alten Käse.

• Beim Zubereiten ist es ganz besonders wichtig, daß Sie den Käse wirklich klein würfeln oder reiben. Geben Sie ihn erst nach und nach in den heißen Wein. Rühren Sie dabei ständig und gleichmäßig mit einem Rührlöffel Achten. Das kostet etwas Geduld.

• Für eine besonders schnelle, unkomplizierte Variante können Sie auf fertige Fonduemischungen zurückgreifen. Legen Sie sich eine Packung in den Vorrat und frieren Sie Weißbrot ein, dann sind Sie jederzeit im Nu für ein festliches Essen gewappnet.

### Tips, damit Ihr Käsefondue problemlos gelingt:

• Der Käse braucht zumeist Säure, damit er sich gut zu einer cremigen Masse verbindet. Wenn Sie Wein verwenden, sollte dieser sehr säurebetont und trocken sein, dann gelingt das Fondue am besten. Verwenden Sie beispielsweise Neuenburger, Fendant (Gutedel), Riesling, Silvaner, Edelzwicker oder Soave Classico.

• Halten Sie eine Zitrone bereit. Mit Zitronensaft können Sie nachhelfen, wenn sich die Käsemasse nicht gut verbindet, weil der Wein nicht genug Säure enthält. Geben Sie den Saft teelöffelweise dazu, und probieren Sie immer wieder.

• Käsefondue wird im Caquelon, einem Steinguttopf zubereitet, der die Hitze langsam nach innen abgibt. Wenn Sie ganz sicher gehen wollen, bereiten Sie die Käsemasse in einer Schüssel über einem heißen Wasserbad zu und füllen sie später in den vorgewärmten Caquelon um.

• Wenn sich flüssige und feste Bestandteile im Fondue trennen, den Topf auf den Herd stellen, das Fondue erhitzen und unter kräftigem Rühren etwas Zitronensaft dazugeben. Die Bestandteile trennen sich, wenn zu wenig Säure (durch den Wein) enthalten ist.

• Ist das Fondue zu dick, nach und nach noch etwas Wein unterrühren. Ist es zu dünn, noch etwas Käse einrühren oder etwas Speisestärke mit Kirschwasser glattrühren und unterziehen. Die Mischung dann unter Rühren nochmal aufkochen.

• Während des Essens muß die Käsemasse gut gerührt werden. Deshalb alle Zutaten, die in das Fondue getaucht werden, in einer ausgedehnten Acht durch die Masse ziehen.

• Bereiten Sie keine zu großen Mengen zu. Das verführt zum Weiteressen, und der Käse liegt später schwer im Magen.

• Klassische Beilage zum Käsefondue ist Brot. Es sollte viel Kruste haben, dann rutscht es nicht so leicht von der Gabel, außerdem schmeckt es besser.

• Leichter und bekömmlicher wird das Fondue, wenn Sie einen Teil des Brots durch Obst oder Gemüse ersetzen.

• Die Flamme unter dem Caquelon darf nicht zu stark brennen. Das Käsefondue soll nur leicht köcheln. Bei zu großer Hitze brennt es an.

• Fonduereste können Sie am nächsten Tag gut aufwärmen. Den Caquelon auf den Herd stellen, die Masse bei sehr schwacher Hitze unter ständigem Rühren aufwärmen, eventuell noch etwas Wein angießen.

# Neuenburger Käsefondue

Abbildung auf Seite 70

Zutaten für 4 Personen:
1 Knoblauchzehe
je 200 g Gruyère, Emmentaler und
Freiburger Vacherin (oder je 300 g
Gruyère und Emmentaler)
500 g Brot (Weiß-, Bauern-, Zwiebelbrot)
300 ml trockener, säurebetonter
Weißwein (zum Beispiel Riesling,
Fendant)
3 Teel. Speisestärke
6 cl Kirschwasser
schwarzer Pfeffer, frisch gemahlen
Muskatnuß, frisch gerieben
eventuell etwas Zitronensaft

### Das klassische »Fondue Neuchâteloise« aus der Schweiz

Pro Portion etwa: 4200 kJ/1000 kcal

Vorbereitungszeit: etwa 40 Minuten

**1.** Den Knoblauch schälen und halbieren, den Caquelon gut damit ausreiben. Den Käse entrinden und in
ganz kleine Würfel schneiden oder
reiben. Das Brot in mundgerechte Würfel schneiden und bereitstellen.

**2.** Den Wein in den Caquelon gießen
und auf dem Herd langsam erwärmen.
Nach und nach den Käse dazugeben,
dabei ständig mit einem Rührlöffel Achten rühren. Den Käse bei schwacher
Hitze schmelzen lassen, dann erst zum
Köcheln bringen.

**3.** Die Speisestärke mit dem Kirschwasser glattrühren, zum Käse gießen und
alles aufkochen lassen. Mit Pfeffer und
Muskat würzen. Noch so lange rühren,
bis sich alles zu einer homogenen
Masse verbunden hat, dabei eventuell
etwas Zitronensaft untermengen. Auf
dem Rechaud bei kleiner Flamme heiß
halten.

*Am Tisch* spießt jeder Brotwürfel mit
seiner Fonduegabel auf und rührt
damit einmal durch die Käsemasse. Das
Rühren ist wichtig, damit die Käsemasse ihre cremige Konsistenz behält.

# Gorgonzolafondue

Zutaten für 4 Personen:
200 g getrocknete Tortellini
Salz
2 kleine Auberginen
2 mittelgroße Zucchini
2 Eßl. Öl
1 Knoblauchzehe
Salz
schwarzer Pfeffer, frisch gemahlen
150 g entsteinte Oliven (nach Geschmack grüne oder schwarze oder
beide Sorten)
¼ l trockener Weißwein
200 g Crème fraîche
400 g Gorgonzola
2 Teel. Speisestärke
2 Eßl. Grappa

### Raffiniert

Pro Portion etwa: 4600 kJ/1100 kcal

Vorbereitungszeit: etwa 1 Stunde

**1.** Die Tortellini nach der Packungsan-
gabe in reichlich Salzwasser nur knapp
gar (auf keinen Fall zu weich) kochen.
Unter kaltem Wasser abkühlen, gut abtropfen lassen.

**2.** Die Auberginen und die Zucchini
waschen, putzen und in etwa 1 cm
dicke Scheiben schneiden. Das Öl in
einer Pfanne erhitzen, den Knoblauch
schälen und hineinpressen. Nach und
nach die Gemüsescheiben darin von
jeder Seite nur etwa ½ Minute braten.
Herausnehmen und halbieren oder
vierteln, mit Salz und Pfeffer bestreuen.

**3.** Die Oliven mit den Tortellini, den
Auberginen und den Zucchini auf einer
Platte anrichten.

**4.** Bei schwacher Hitze den Wein und
die Crème fraîche im Caquelon auf
dem Herd erhitzen. Den Gorgonzola
entrinden, kleinschneiden und nach
und nach unter Rühren im Wein
schmelzen lassen.

**5.** Die Speisestärke mit der Grappa verquirlen, zum Käse gießen und diesen
aufkochen und binden. Auf dem
Rechaud bei kleiner Flamme heiß
halten.

*Am Tisch* spießt jeder Zutaten nach
Geschmack auf seine Fonduegabel und
zieht sie durch das Fondue.

### Getränketip

Wenn Sie Wein zu diesem Fondue servieren möchten, können Sie den
gleichen nehmen, den Sie auch zum
Kochen verwendet haben. Beinahe
noch besser paßt jedoch ein kräftiger
Rotwein.

### Variante:

Für **selbstgemachte Nudeltäsch-
chen** als Variante zu den getrockneten
Tortellini etwa 60 g aufgetauten Tief-
kühl-Spinat mit 300 g Mehl, 2 Eiern,
1 Teelöffel Salz und 2–3 Eßlöffeln
Olivenöl zu einem glatten, geschmei-
digen Nudelteig verkneten und unter
einem feuchten Tuch etwa 30 Minuten
ruhen lassen.
Inzwischen 200 g fein gewürfelten gekochten Schinken und etwas Basilikum
in Streifen schneiden. Mit 250 g Ricotta
oder gut abgetropftem Schichtkäse,
3 Eßlöffeln geriebenem Parmesan, Salz
und schwarzem Pfeffer gründlich verrühren.
Den Nudelteig dünn ausrollen, dabei
die Arbeitsfläche und die Geräte nur
leicht bemehlen. Zuletzt den Teig auf
einem leicht bemehlten Küchentuch
mit der Teigrolle zu einem dünnen
Rechteck ausrollen.
Die Schinkenfüllung mit einem Teelöffel als kleine Häufchen auf eine
Hälfte der Teigplatte setzen, dabei ausreichend Abstand dazwischen lassen.
Die zweite Hälfte darüber klappen, den
Teig mit einem Teigrädchen zwischen
den Schinkenportionen in Täschchen
teilen. Die Teigtäschchen in reichlich
kochendes Salzwasser geben und darin
knapp 15 Minuten garen. Gut abtropfen lassen.

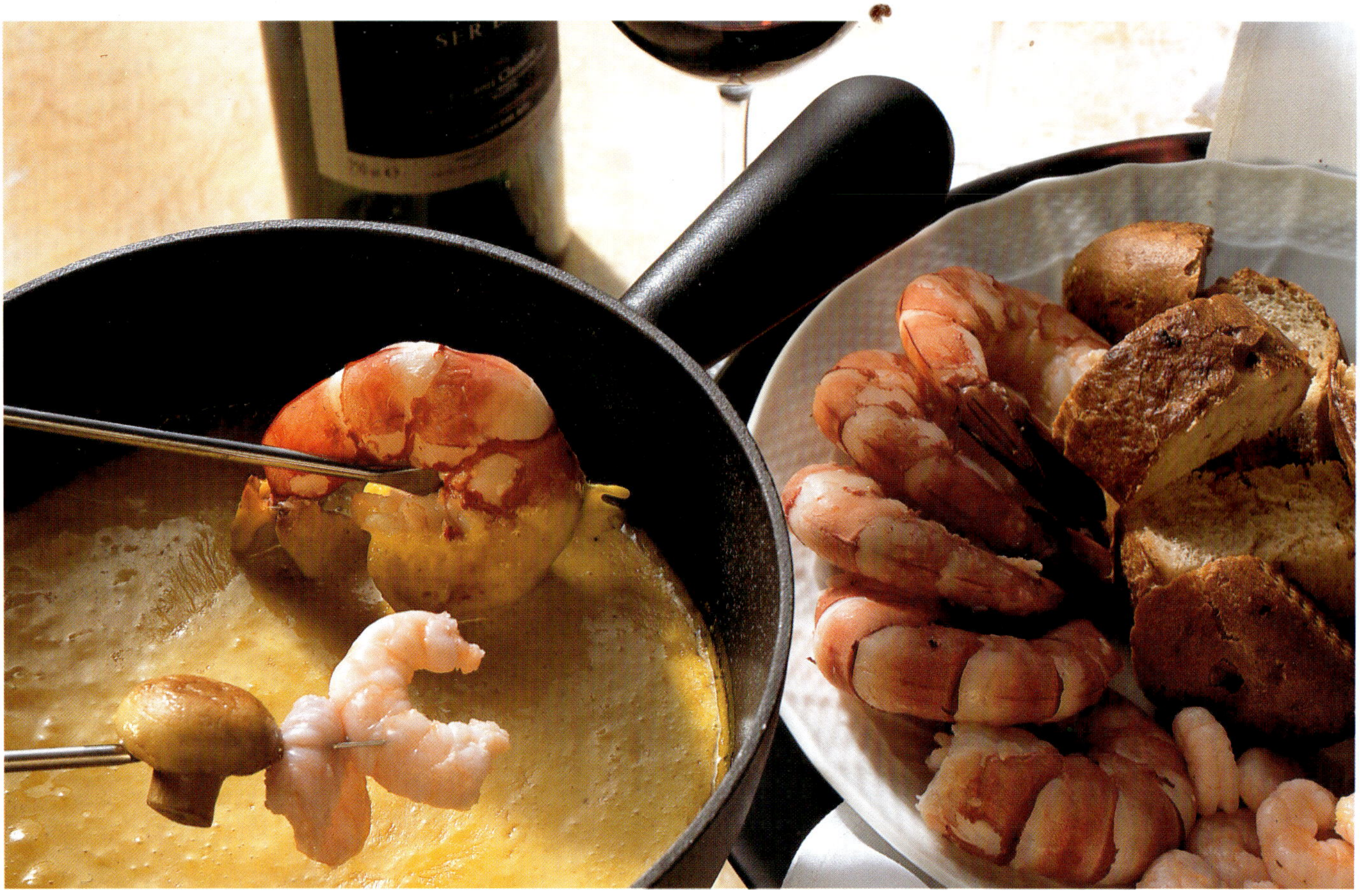

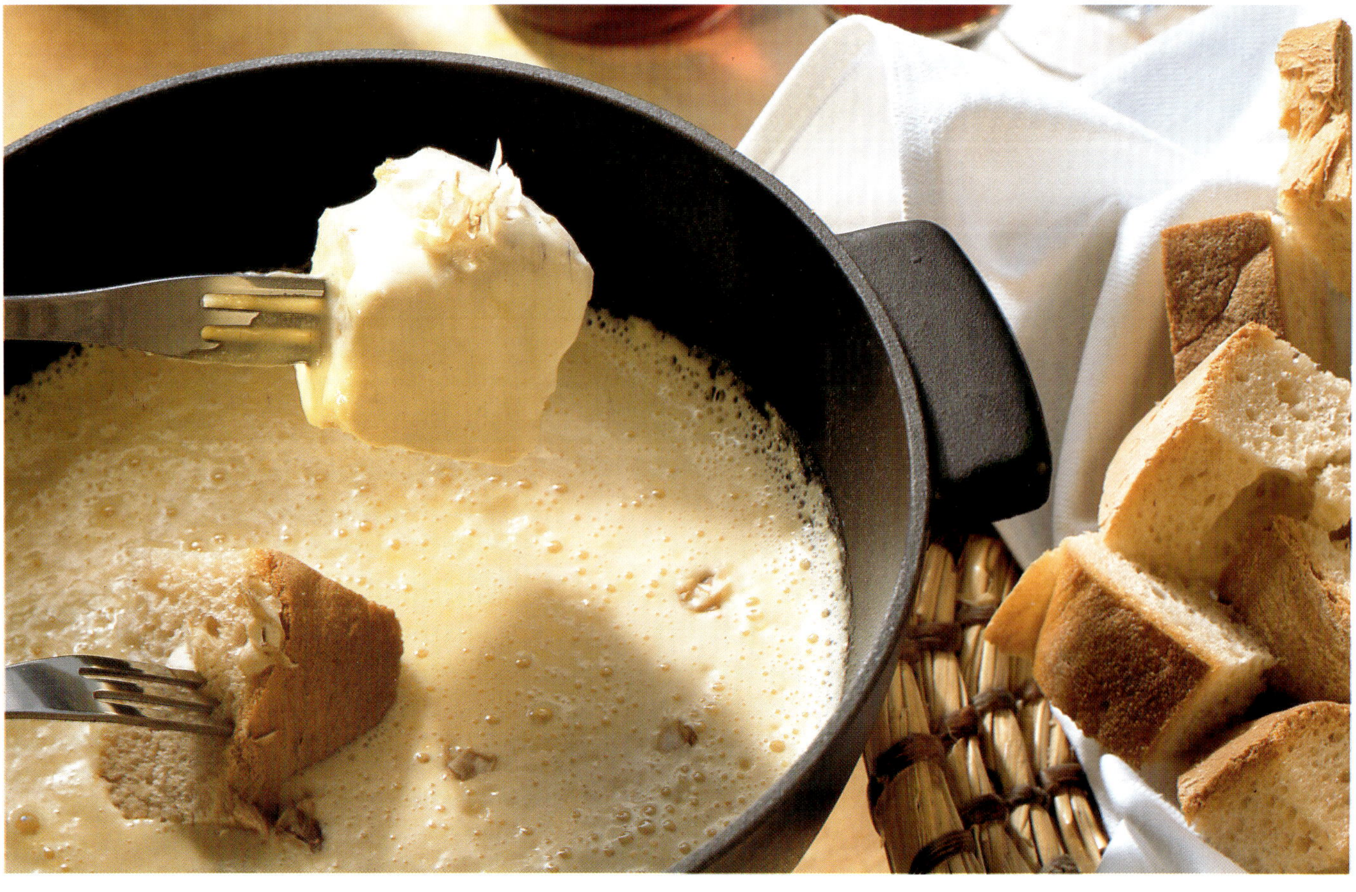

# Curry-Käse-Fondue mit Garnelen

Zutaten für 4 Personen:
200 g gegarte geschälte Tiefseegarnelen
200 g gegarte geschälte Riesengarnelen
250 g Zwiebelbrot
250 g kleine Champignons
2 Eßl. Butter
1 Knoblauchzehe
100 g Schalotten
2 Eßl. Currypulver
300 ml trockener, säurebetonter
Weißwein
600 g Emmentaler
2 Teel. Speisestärke
eventuell etwas Zitronensaft

## Festlich

Pro Portion etwa: 4000 kJ/950 kcal

Vorbereitungszeit: etwa 45 Minuten

**1.** Die Garnelen in einem Sieb kurz kalt abbrausen, abtropfen lassen und mit Küchenpapier gut abtrocknen.

**2.** Das Zwiebelbrot mundgerecht würfeln.

**3.** Die Champignons waschen oder abreiben und putzen. 1 Eßlöffel Butter in einer Pfanne aufschäumen, die Pilze darin rundherum etwa 2 Minuten braten.

**4.** Die Garnelen, das Brot und die Pilze dekorativ anrichten.

**5.** Den Knoblauch und die Schalotten schälen und sehr fein würfeln, zusammen mit der restlichen Butter in den Caquelon geben. Auf den Herd stellen, bei schwacher Hitze unter Rühren die Schalotten glasig werden lassen. Das Currypulver darüber streuen, unter Rühren leicht anschwitzen, dann mit dem Wein ablöschen.

**6.** Den Käse entrinden, in kleine Würfel schneiden und nach und nach in der heißen Flüssigkeit unter kräftigem Achten-Rühren schmelzen lassen.

**7.** Die Speisestärke mit etwas Wasser verquirlen und dazugießen, alles noch kurz durchkochen. Wenn sich die Mischung noch nicht gut verbindet, etwas Zitronensaft unterrühren.

**8.** Die Curry-Käsemasse im Caquelon auf den Rechaud stellen und bei kleiner Flamme am Köcheln halten.

*Am Tisch* spießt jeder Zutaten nach Geschmack auf und rührt damit gut durch das Fondue.

# Fonduta

Zutaten für 4 Personen:
300 g Fontina-Käse
¼ l Milch
50 g Butter
3 Eigelb
weißer Pfeffer, frisch gemahlen
400–500 g italienisches oder anderes
Weißbrot
1 weiße Trüffel (nach Möglichkeit)

## Aus Italien

Pro Portion etwa: 3100 kJ/740 kcal

Vorbereitungszeit: etwa 45 Minuten
(+ mindestens 6 Stunden Einweichzeit)

**1.** Den Käse entrinden und in sehr kleine Würfel schneiden, in eine Schüssel geben und mit der Milch übergießen. Zugedeckt 6–8 Stunden (oder über Nacht) einweichen.

**2.** Die Schüssel mit dem Käse und der Milch auf ein heißes Wasserbad stellen, den Käse unter ständigem Rühren bei schwacher Hitze schmelzen lassen. Die Butter dazugeben und zerlassen.

**3.** Etwas Käsemasse in eine Tasse geben, die Eigelbe unterquirlen, dann diese Mischung zum übrigen Käse rühren. So lange kräftig rühren, bis alles eine sämige Konsistenz hat. Mit Pfeffer würzen und am Köcheln halten.

**4.** Das Brot mundgerecht würfeln, die Trüffel ganz leicht abreiben und hauchfein hobeln oder mit dem Hobel bereitstellen.

**5.** Die Käsemasse in vorgewärmte Portionsschälchen umfüllen und mit dem Brot und der Trüffel auf den Tisch stellen.

*Am Tisch* tunkt jeder Brotstücke in die Käsemasse. Zuvor werden Trüffel darauf gestreut.

**Variante:**
Original wird dieses piemontesische Käsefondue in Portionsschälchen serviert. Sie können die Käsemasse auch im Caquelon auf dem Rechaud bei sehr kleiner (!) Flamme heiß halten. Nicht zu stark erhitzen, sonst spritzt die Masse. Dann spießt jeder Brotwürfel mit einer Fonduegabel auf und tunkt sie in das Fondue.

**Fontina** ist ein Rohmilch-Schnittkäse, der nur im norditalienischen Aostatal hergestellt wird. Er hat ein würziges, leicht süßliches Aroma und schmilzt besonders gut. Ersatzweise können Sie Provolone oder einen anderen italienischen Schnittkäse mit mindestens 40% Fett i.Tr. verwenden.

## Basilikum-Käsefondue

Zutaten für 4 Personen:
2 mittelgroße Zucchini (etwa 250 g)
2 Teel. Öl
200 g Kirschtomaten
400 g italienisches oder anderes
Weißbrot
100 g Grissini
2 Bund Basilikum
300 g Fontina-Käse
300 g Provolone-Käse
1 Knoblauchzehe
300 ml trockener Weißwein
2 Teel. Speisestärke
2 Eßl. Grappa
schwarzer Pfeffer, frisch gemahlen

**Aus Italien**

Pro Portion etwa: 4500 kJ / 1100 kcal

Vorbereitungszeit: etwa 40 Minuten

**1.** Die Zucchini waschen, putzen und in
etwa 1 cm dicke Scheiben schneiden. In
dem Öl in einer Pfanne von jeder Seite
etwa 1 Minute braten. Die Tomaten waschen und abtrocknen. Das Brot mundgerecht würfeln. Die Zucchinischeiben
zusammen mit den Tomaten, dem Brot
und den Grissini bereitstellen.

**2.** Das Basilikum waschen und abtrocknen, die Blättchen abzupfen und in
feinste Streifen schneiden oder hacken.
Den Käse entrinden und sehr klein
würfeln.

**3.** Den Knoblauch schälen, den
Caquelon damit einreiben. Den Wein
angießen und auf dem Herd erhitzen.
Nach und nach den Käse dazugeben
und unter ständigem Rühren bei
schwacher Hitze schmelzen lassen.

**4.** Die Speisestärke mit der Grappa verquirlen, zum Käse gießen und aufkochen. Das Basilikum untermischen, das
Fondue mit Pfeffer abschmecken. Auf
dem Rechaud leicht am Köcheln
halten.

*Am Tisch* spießt jeder Zucchini, Tomaten oder Brot auf und rührt damit
durch das Fondue. Die Grissini werden
direkt in den Käse getunkt und ge-
knabbert.

78

## Speck-Schnittlauch-Fondue

Zutaten für 4 Personen:
500 g würziges Bauernbrot
600 g junger Gouda
125 g durchwachsener Räucherspeck
1 Eßl. Butter
300 ml trockener Apfelwein (Cidre)
2 Eßl. Zitronensaft
3 Teel. Speisestärke
6 cl Calvados
schwarzer Pfeffer, frisch gemahlen
½ Teel. getrockneter Thymian
2 Bund Schnittlauch

**Preiswert**

Pro Portion etwa: 4900 kJ/1200 kcal

Vorbereitungszeit: etwa 40 Minuten

**1.** Das Brot mundgerecht würfeln und in einem Korb bereitstellen. Den Käse entrinden und sehr klein würfeln.

**2.** Den Speck entrinden und sehr klein würfeln, zusammen mit der Butter in einen Topf geben. Den Speck bei mittlerer Hitze knusprig ausbraten.

**3.** Den Apfelwein und den Zitronensaft dazugießen, nach und nach den Käse darin unter Rühren bei schwacher Hitze schmelzen lassen.

**4.** Die Speisestärke mit dem Calvados verquirlen, zum Fondue gießen und dieses wieder aufkochen. Mit Pfeffer und dem Thymian würzen.

**5.** Den Schnittlauch waschen, abtrocknen und in feine Röllchen schneiden, unter das Fondue rühren. Die Masse in den Caquelon umgießen und auf dem Rechaud heiß halten.

*Am Tisch* spießt jeder Brotwürfel mit seiner Fonduegabel auf und rührt damit durch die Käse-Speck-Masse.

**Variante:**
Statt Speck feingeschnittenen rohen Schinken verwenden. Nach Geschmack mit frischem Thymian oder Majoran würzen.

# Genfer Fondue

Zutaten für 4 Personen:
500 g Brot (Weiß- und Bauernbrot gemischt)
200 g Butter
350 g Emmentaler
8 Eigelb
weißer Pfeffer, frisch gemahlen
Muskatnuß, frisch gerieben
Salz
125 g Sahne
2 Eßl. trockener Weißwein oder Zitronensaft

## Aus der Schweiz

Pro Portion etwa: 5200 kJ/1200 kcal

Vorbereitungszeit: etwa 40 Minuten

**1.** Das Brot mundgerecht würfeln. Etwa 50 g Butter in einer breiten Pfanne aufschäumen, die Brotwürfel darin rundherum goldbraun rösten. In Schälchen bereitstellen.

**2.** Den Emmentaler entrinden und fein reiben. Mit den Eigelben im Caquelon verrühren, mit Pfeffer, Muskat und etwas Salz würzen.

**3.** Den Caquelon bei ganz schwacher Hitze auf den Herd stellen und ständig rühren. Nach und nach die restliche Butter in kleinen Stücken dazugeben, dabei ständig kräftig rühren. Nicht kochen lassen!

**4.** Wenn eine dickliche Masse entstanden ist, die Sahne und den Wein oder den Zitronensaft dazugießen und alles noch kurz verrühren. Auf dem Rechaud heiß halten, aber keinesfalls kochen lassen.

*Am Tisch* spießt jeder geröstete Brotwürfel mit seiner Fonduegabel auf und rührt damit durch die Käsemasse.

### Tip
Wenn das Fondue auf dem Rechaud doch einmal ins Köcheln kommt und das Eigelb gerinnt, sofort etwas Zitronensaft unterrühren.

# Mainzer Fondue

Zutaten für 4 Personen:
500 g gemischtes, kräftiges Brot
40 g durchwachsener Räucherspeck
1 Teel. Butter
1 Knoblauchzehe
600 g Mainzer Käse
100 ml Milch
100 ml trockener Apfelwein (Cidre)
1–2 Teel. Speisestärke
3 Eßl. Zitronensaft
schwarzer Pfeffer, frisch gemahlen

### Preiswert

Pro Portion etwa: 2400 kJ/570 kcal

Vorbereitungszeit: etwa 40 Minuten

**1.** Das Brot mundgerecht würfeln und in Körbchen bereitstellen.

**2.** Den Caquelon mit Speck ausreiben, die Butter hineingeben. Den Speck dann klein würfeln und in den Caquelon geben. Den Knoblauch schälen und dazupressen. Den Speck auf dem Herd bei mittlerer Hitze leicht ausbraten.

**3.** Den Käse kleinschneiden und nach und nach abwechselnd mit der Milch und dem Apfelwein in den Caquelon geben, dabei alles bei schwacher Hitze gut verrühren.

**4.** Die Speisestärke mit dem Zitronensaft glattrühren, zum Fondue gießen und dieses binden. Mit Pfeffer abschmecken. Auf dem Rechaud bei kleiner Flamme heiß halten.

*Am Tisch* spießt jeder Brot mit seiner Fonduegabel auf und tunkt es in die heiße Käsemasse.

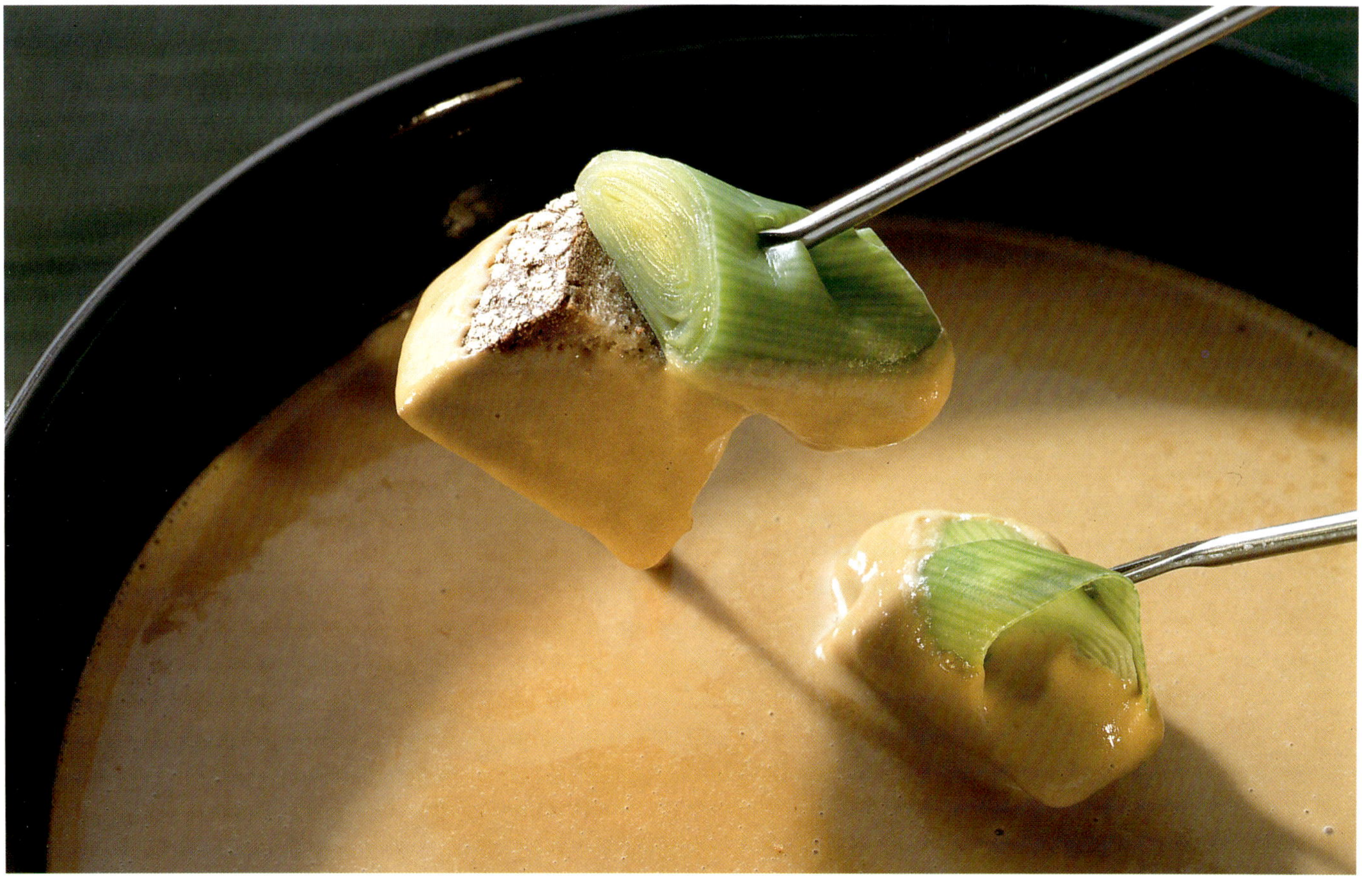

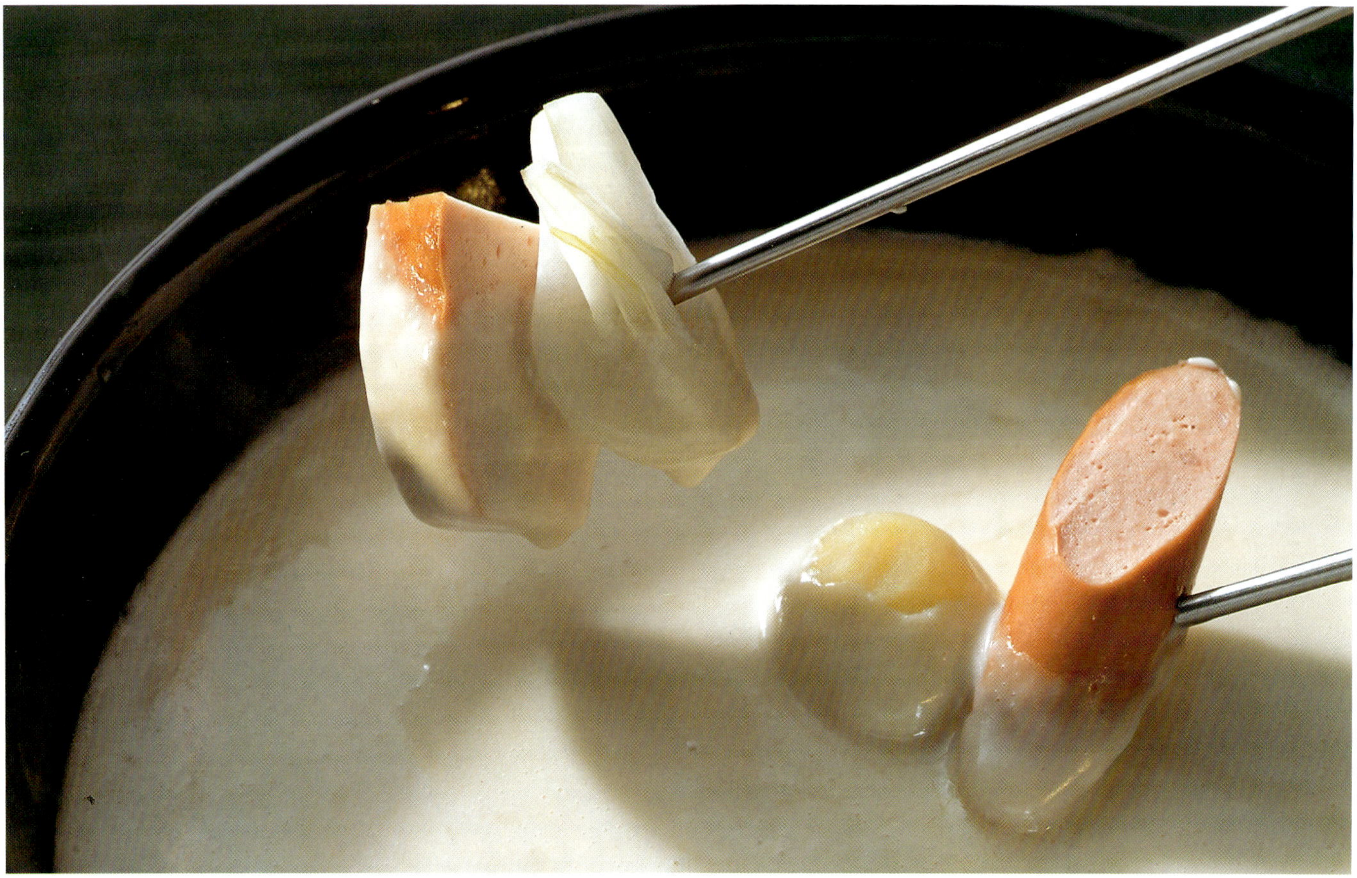

# Guinness-Cheddar-Fondue

Zutaten für 4 Personen:
Salz
500 g Lauch
400 g Roggenbrot
600 g Cheddar-Käse
¼ l Guinness-Bier
2 Teel. Speisestärke
2 Eßl. Whisky
schwarzer Pfeffer, frisch gemahlen
einige Spritzer Worcestersauce

## Aus England

Pro Portion etwa: 3900 kJ/930 kcal

Vorbereitungszeit: etwa 45 Minuten

**1.** In einem breiten Topf leicht gesalzenes Wasser aufkochen. Den Lauch putzen, gründlich waschen und trockenschütteln. In mundgerechte Stücke schneiden. Im Wasser knapp 3 Minuten kochen lassen. Anschließend abgießen und gut abtropfen lassen.

**2.** Das Roggenbrot mundgerecht würfeln und zusammen mit dem Lauch anrichten.

**3.** Den Cheddar-Käse entrinden und in sehr kleine Würfel schneiden oder grob reiben. Das Guinness-Bier im Caquelon auf dem Herd leicht erhitzen. Nach und nach (!) den Käse hineingeben und unter Rühren schmelzen lassen (das dauert eine Weile).

**4.** Die Speisestärke mit dem Whisky verquirlen, zum Käse gießen und diesen unter Rühren aufkochen. Die Masse mit Pfeffer und einigen Spritzern Worcestersauce abschmecken. Auf dem Rechaud bei kleiner Flamme am Köcheln halten.

*Am Tisch* spießt jeder Brot und Lauch mit seiner Fonduegabel auf und zieht dies durch die Käsemasse.

### Guinness und Cheddar

Englische Zutaten stehen bei diesem Fondue im Mittelpunkt. Guinness ist ein tiefdunkles Bier, es enthält etwa 4 Prozent Alkohol. Bei der Herstellung wird es stark gehopft, dadurch entwickelt sich ein kräftig-würziger Geschmack.
Cheddar stammt ursprünglich aus dem kleinen Städtchen Cheddar in der englischen Grafschaft Somerset, dort wurde er bereits im 12. Jahrhundert produziert. Heute werden Varianten davon in allen englisch geprägten Ländern hergestellt – Cheddar liegt dadurch in der Weltproduktion an erster Stelle. Traditionelle Sorten sind hell, gelbe Sorten werden mit Annatto, einem Pflanzenstoff, gefärbt. Je nach Reifedauer und Herstellungsart schmeckt Cheddar mild bis kräftig-würzig.

# Käse-Bier-Fondue

Zutaten für 4 Personen:
600 g kleine neue Kartoffeln (möglichst eine festkochende Sorte)
Salz
Kümmel
1 Gemüsezwiebel
1 Teel. Butterschmalz
200 g Wiener Würstchen
200 g Fleischkäse
500 g Emmentaler
400 ml helles Bier
2 Eßl. Speisestärke
2 Eßl. Kümmelschnaps (oder anderer klarer Schnaps)

## Preiswert

Pro Portion etwa: 3900 kJ/930 kcal

Vorbereitungszeit: etwa 45 Minuten

**1.** Die Kartoffeln waschen und abbürsten, in Salz-Kümmel-Wasser knapp (!) gar kochen. Abgießen, abdampfen lassen, pellen und halbieren.

**2.** Inzwischen die Zwiebel schälen, vierteln und in einzelne »Schalen« zerteilen. Das Butterschmalz in einer kleinen Pfanne erhitzen, die Zwiebelstücke darin bei schwacher Hitze etwa 2 Minuten anbraten.

**3.** Die Wiener Würstchen und den Fleischkäse in mundgerechte Stücke schneiden. Zusammen mit den Kartoffeln und den Zwiebelstücken auf Platten anrichten.

**4.** Den Käse entrinden und fein reiben. 100 ml Bier und 1 Eßlöffel Speisestärke im Caquelon verquirlen, 125 g geriebenen Käse dazugeben. Alles unter Rühren langsam erhitzen, bis eine homogene Masse entstanden ist.

**5.** Das restliche Bier mit der übrigen Stärke verrühren. Abwechselnd mit dem restlichen Käse nach und nach bei schwacher Hitze in den Caquelon geben. Dabei immer warten, bis der Käse geschmolzen ist und sich gut mit dem Bier verbunden hat. Zuletzt den Schnaps unterrühren. Auf dem Rechaud bei schwacher Flamme am Köcheln halten.

*Am Tisch* spießt jeder Zutaten nach Geschmack auf und zieht sie durch das Fondue.

### Passende Beilagen:

Kalter Schweinebraten-Aufschnitt oder Würfel von gekochtem Schinken. Gedünstete Lauchstücke.

# Tomatenfondue mit Gemüse und Kartoffeln

Zutaten für 4 Personen:
750 g kleine neue Kartoffeln (möglichst festkochende Sorte)
Salz
2 Fenchelknollen (etwa 400 g)
1 Bund Frühlingszwiebeln
1 Knoblauchzehe
300 g Gruyère
300 g Emmentaler
300 ml trockener, säurebetonter Weißwein
3 Teel. Speisestärke
6 cl Zwetschgengeist
4 Eßl. Tomatenmark
eventuell etwas Zitronensaft

## Raffiniert

Pro Portion etwa: 3700 kJ/880 kcal

Vorbereitungszeit: etwa 1 Stunde

**1.** Die Kartoffeln geschält oder ungeschält in Salzwasser zugedeckt knapp gar kochen. Abgießen, etwas abkühlen lassen. Eventuell pellen und halbieren.

**2.** Inzwischen reichlich Salzwasser aufkochen. Den Fenchel putzen, in einzelne »Blätter« zerlegen, diese mundgerecht zerschneiden. Im kochenden Wasser 3–4 Minuten garen, dann gut abtropfen lassen.

**3.** Die Frühlingszwiebeln putzen, waschen und in 4–5 cm lange Stücke schneiden. Im kochenden Salzwasser 1–2 Minuten garen, dann gut abtropfen lassen.

**4.** Die Kartoffeln, den Fenchel und die Frühlingszwiebeln anrichten.

**5.** Den Knoblauch schälen, den Caquelon damit ausreiben. Beide Käsesorten entrinden und klein würfeln.

**6.** Den Wein im Caquelon auf dem Herd erhitzen, nach und nach die Käsewürfelchen darin unter ständigem Achten-Rühren schmelzen lassen.

**7.** Die Speisestärke mit dem Zwetschgengeist verquirlen, zum Fondue gießen und dieses aufkochen. Das Tomatenmark und eventuell etwas Zitronensaft unterrühren. Die Mischung auf dem Rechaud heiß halten.

*Am Tisch* spießt jeder Zutaten nach seinem Geschmack mit seiner Fonduegabel auf und rührt damit durch die Tomatenmasse.

**Variante:**
Nur 500 g Kartoffeln kochen. Zusätzlich 1 kleinen Blumenkohl putzen, waschen und in Röschen zerlegen, in kochendem Salzwasser 5–7 Minuten vorgaren.

# Fruchtiges Camembert-Fondue

Zutaten für 4 Personen:
2 Orangen
2 rotschalige Äpfel
2 feste Birnen
2 Eßl. Zitronensaft
1 Babyananas
2 Schalotten
1 Knoblauchzehe
2 Eßl. Butter
3 Teel. Mehl
⅛ l Hühnerbrühe
⅛ l Milch
500 g vollfetter, nicht zu reifer Camembert
schwarzer Pfeffer, frisch gemahlen
etwas Paprikapulver, edelsüß

## Für Kinder

*Im Bild oben: Tomatenfondue mit Gemüse und Kartoffeln
Im Bild unten:
Fruchtiges Camembert-Fondue*

Pro Portion etwa: 3000 kJ/710 kcal

Vorbereitungszeit: etwa 1 Stunde

**1.** Die Orangen schälen, dabei die ganze weiße Haut entfernen. Die Früchte in einzelne Filets zerlegen. Die Äpfel und die Birnen waschen und gut abreiben. Vierteln, entkernen, in Spalten schneiden und mit Zitronensaft beträufeln. Die Babyananas schälen und mundgerecht würfeln. Alle Früchte auf einer Platte anrichten.

**2.** Die Schalotten und den Knoblauch schälen und sehr fein würfeln, zusammen mit der Butter in den Caquelon geben. Auf dem Herd bei schwacher Hitze glasig werden lassen. Das Mehl darüber stäuben, unter Rühren hell anschwitzen, dann mit der Brühe ablöschen. Die Milch dazugießen und aufkochen. Die Hitze reduzieren.

**3.** Den Camembert entrinden, würfeln und nach und nach unter Rühren in der heißen Flüssigkeit schmelzen lassen. Die Masse mit Pfeffer und Paprika würzen. Auf dem Rechaud ganz leicht am Köcheln halten.

*Am Tisch* spießt jeder Früchte nach seinem Geschmack auf und rührt damit durch das Fondue.

**Varianten:**
Alle Obstsorten eignen sich, die man auf die Fonduegabeln stecken kann und die zum Käse schmecken. Statt Camembert können Sie auch einen Brie verwenden.

## Überraschend: Neue Fondue-Kreationen

Fondues und »Feuertöpfe«
allein sind schon über-
raschend. Noch mehr Be-
wunderung werden jedoch die
folgenden Kreationen hervor-
rufen: Fleisch wird in Wein,
Fisch in Sahne geköchelt,
Gemüse gart auf italienische
Art in Sardellenbutter, Spargel
in Hummerbutter, Kartoffeln
tunkt man in eine Sauce aus
püriertem Mais. Und noch
viele andere Ideen werden
vorgestellt. Suchen Sie sich
Ihren Favoriten aus.

# Ein liebevoll gedeckter Tisch

## Ein liebevoll gedeckter Tisch lädt zum Wohlfühlen ein

Sie haben zu einem festlichen Essen eingeladen, möchten Ihre Gäste köstlich bewirten. Sie haben sich für ein besonderes Fondue oder für einen »Feuertopf« entschieden. Gemeinsam mit den Freunden werden Sie den Abend am Tisch genießen.

Ganz klar, daß zu solch einem Essen dann auch ein schön gedeckter Tisch gehört. Bereits auf den ersten Blick sollen die eintreffenden Gäste Appetit bekommen und Lust, sitzenzubleiben. Nicht nur das Menü, die Speisenfolge, sollten Sie sich rechtzeitig überlegen. Nehmen Sie sich auch Zeit, den Tisch zu planen. Viele Dinge dafür haben Sie gewiß ohnehin in Ihren Schränken, aber so manche Kleinigkeit möchten Sie vielleicht noch zusätzlich besorgen. Wirkungsvoll und auch am einfachsten ist es, wenn Sie die Tischdekoration ganz auf das Essen abstimmen. Haben Sie sich beispielsweise für Bagna Cauda, das italienische Fondue (Rezept auf Seite 93) entschieden, sollten Sie auch eine italienische Stimmung auf den Tisch zaubern. Decken Sie in den Farben Grün, Rot und Weiß ein, dekorieren Sie mit passenden Accessoires.

Wählen Sie eine Tischdecke in einer oder allen Farben des Landes, und sorgen Sie zum Beispiel mit Kerzen oder Blumengestecken für die restlichen Farben. Oder verleihen Sie einem weißen Tischtuch mit Geschenkbändern oder Servietten passende Farbakzente.

Möchten Sie einen asiatischen »Feuertopf« servieren? Er läßt sich am schönsten mit asiatischen Dekorationen präsentieren. Decken Sie den Tisch beispielsweise mit schwarzer Lackfolie, und streuen Sie rote Rosenblätter und Reiskörner darauf. In Asienläden bekommen Sie gebündelte Bananenblätter, aus denen Sie Platzuntersetzer ausschneiden können. Lackschüsseln, Fächer, Reismappen, Geschenkpapier mit asiatischen Schriftzeichen und andere passende Utensilien bekommen Sie ebenfalls im Asienladen, aber auch in vielen Kaufhäusern.

Vergleichbar können Sie bei allen gastlichen Menüs vorgehen. Paßt kein landestypisches Deko, überlegen Sie zunächst, ob das gewählte Essen eher fein oder eher rustikal ist. Zum edlen Geflügelfondue passen feinste Stoffservietten, dekorieren Sie zudem mit farbigen Federn aus dem Dekoladen. Zum rustikalen Kartoffelfondue können es ebensogut Papierservietten sein, vielleicht schmücken Sie dann den Tisch herbstlich mit bunten Blättern, auch kleine gewaschene Kartoffeln können als Dekoration dienen.

Gibt es einen Anlaß, beispielsweise einen Geburtstag? Dann legen Sie doch viele kleine Geschenkpäckchen als Dekoration auf den Tisch. Den Platz des Geburtstagskindes können Sie besonders hervorheben, beispielsweise durch einen Blütenkranz.

Für alle Fondues und »Feuertöpfe« gilt: Legen Sie nicht unbedingt die allerbeste Tischdecke auf. Beim gemeinsamen Essen aus einem Topf gibt es fast immer Spritzer – selbst bei größter Vorsicht. Und dafür ist wertvolle Tischwäsche einfach zu schade. Sie können zwar eine gute Decke durch Klarsichtfolie oder ein schräg daraufgelegtes anderes Tuch schützen, besser aber ist, Sie wählen gleich einfachere Wäsche oder eine Papiertischdecke. So können Ihre Gäste unbeschwert genießen. Ganz klar, daß der Topf in der Mitte des Tisches »thront«. Plazieren Sie die Gäste so am Tisch, daß jeder bequem an den Topf heranreichen kann. Zu jedem Gedeck gehört natürlich ein Teller oder, bei asiatischen Varianten, ein Reisschälchen. Besteck, Stäbchen oder Siebe sind ebenfalls selbstverständlich, auch hübsch gefaltete oder gelegte Servietten. Praktisch sind Messer- oder Stäbchenbänkchen. Darauf können Besteck, Fonduegabel, Stäbchen oder Sieb abgelegt werden, wenn einmal eine Pause beim Essen eintritt. Gibt es Bier oder Wein? Arrangieren Sie die passenden Gläser rechts oben neben den Teller. Und stellen Sie ein weiteres Glas daneben – für durstlöschendes Mineralwasser. Ebenfalls sehr gastlich: Brot und Butter bereitstellen. Vielleicht reichen Sie auch eine winzig kleine Vorspeise, ein »Amuse gueule«, das die ersten Minuten am Tisch überbrückt und den ersten Appetit stillt.
Dips und Saucen stellen Sie auch bereit, eventuell auf mehrere Schälchen verteilt – je nach Größe der Runde.

# Vietnamesisches Fondue

Zutaten für 4 Personen:
**Für das Fleisch:**
einige frische Zitronenblätter (aus dem Asienladen)
5 Eßl. Reisessig
weißer Pfeffer, frisch gemahlen
3 Eßl. helle Sojasauce
500 g Rinderfilet
**Für den Dip:**
2 kleine rote Chilischoten
75 ml Reisessig
75 ml helle Sojasauce
schwarzer Pfeffer, frisch gemahlen
**Außerdem:**
100 g feine Reisnudeln (ersatzweise Spaghetti)
250 g frische Bohnenkeime
1 kleiner Kopf Romanasalat
(oder Endivie)
1 kleine Salatgurke
1 l milde Rinder- oder Gemüsebrühe
2 Zwiebeln
1 unbehandelte Zitrone
300 g kleine Reispapierblätter
(15 cm Ø oder geviertelte Blätter; aus dem Asienladen)

## Traditionell

Pro Portion etwa: 2300 kJ/550 kcal

Vorbereitungszeit: etwa 45 Minuten
(+ mindestens 2 Stunden Marinierzeit)

**1.** Für das Fleisch die Zitronenblätter aufrollen und sehr fein schneiden. Mit dem Reisessig, Pfeffer und der Sojasauce verrühren.

**2.** Das Rinderfilet in hauchdünne Scheiben schneiden (wie für Carpaccio; siehe Tip). Auf einer großen Platte ausbreiten, dabei stets etwas Marinade dazwischen geben. Das Filet abgedeckt für mindestens 2 Stunden in den Kühlschrank stellen.

**3.** Für den Dip die Chilischoten putzen, entkernen, waschen und fein hacken. Mit dem Reisessig und der Sojasauce verquirlen. In vier kleine Schälchen verteilen.

**4.** Die Reisnudeln in kochendes Wasser geben und darin garen. Abgießen, kalt abbrausen und gut abtropfen lassen. In etwa 5 cm lange Stücke schneiden.

**5.** Die Bohnenkeime kalt abbrausen und gut abtropfen lassen. Den Salat putzen, waschen und in knapp handtellergroße Stücke zerzupfen. Die Gurke waschen und gut abreiben. In bleistiftdicke, etwa 5 cm lange Stücke schneiden.

**6.** Die Brühe in Fonduetopf erhitzen. Die Zwiebeln schälen und in Spalten schneiden, in die Brühe geben. Auf einem Rechaud am Köcheln halten. Alle anderen vorbereiteten Zutaten bereitstellen.

**7.** Für jeden Gast eine breite Schüssel oder einen tiefen Teller mit Wasser und einer Zitronenscheibe darin bereitstellen (oder für jeweils zwei Personen einen Teller). Zusätzlich noch für jeden einen Eßteller eindecken. Die Reispapierblätter auf einem Teller bereitstellen.

*Am Tisch* nimmt jeder 1 oder 2 Reispapierblätter und weicht diese im Zitronenwasser ein, bis sie geschmeidig und formbar sind (1–2 Minuten). Die Blätter dann aus dem Wasser heben, abtropfen lassen und auf dem Teller vor sich ausbreiten. 1 Stück Salat, einige Nudeln, einige Bohnenkeime und 2 oder 3 Gurkenstücke am vorderen Rand darauf legen. Jeweils 1 Stück Rinderfilet mit den Eßstäbchen nehmen und für nur 30–60 Sekunden in die köchelnde Brühe halten, darin garen. Ebenfalls auf das Reispapier legen. Die Seiten des Papiers nach innen einschlagen, das Papier aufrollen. In den Dip tauchen und abbeißen. Oder die Röllchen zuvor noch vorsichtig kurz in die heiße Brühe dippen.

### Varianten:
Sie können das vietnamesische Fondue statt mit Rinderfilet auch mit frischem Thunfisch, Kabeljau oder Tintenfisch zubereiten.

### Tip
Das Rinderfilet vor dem Aufschneiden etwa 30 Minuten in den Tiefkühler legen – es läßt sich dann besser in dünne Scheiben schneiden.

*Wenn die Reispapiere fertig belegt sind, werden die Seiten über das Fleisch geklappt und alles zu Röllchen geformt, die Sie gleich verzehren oder nochmals in die Brühe halten können.*

# Bagna cauda

Zutaten für 4 Personen:
etwa 1,2 kg gemischtes frisches
Gemüse (Möhren, Broccoli, Blumenkohl, Champignons, Staudensellerie,
Zucchini, Kohlrabi, Salatgurke,
Fenchel, Paprikaschote)
12 Sardellenfilets
100 g Butter
5–6 frische Knoblauchzehen
⅛ l Olivenöl

## Aus Italien

Pro Portion etwa: 2200 kJ/520 kcal

Vorbereitungszeit: etwa 45 Minuten

**1.** Alles Gemüse putzen, waschen und mundgerecht zerschneiden, dekorativ auf Platten anrichten. Nach Geschmack sehr harte Sorten für 2–3 Minuten in kochendem Wasser vorgaren, rasch in Eiswasser abkühlen und abtropfen lassen.

**2.** Für die Würzsauce die Sardellenfilets kalt abwaschen, mit Küchenpapier abtrocknen und sehr fein hacken, zusätzlich mit einer Gabel zerdrücken.

**3.** Die Butter in einem Topf auf dem Herd aufschäumen. Den Knoblauch schälen und dazupressen, kurz anschwitzen. Das Olivenöl einrühren. Die gehackten Sardellenfilets einrühren und alles bei schwacher Hitze so lange verrühren, bis eine cremige Sauce entstanden ist.

**4.** Die Sauce in einen flachen Tontopf, einen kleinen runden Bräter oder eine flache feuerfeste Schale umfüllen. Auf dem Rechaud bei kleiner Flamme heiß halten. Nicht zu stark erhitzen, sonst verbrennt sie, und Butter und Öl trennen sich.

*Am Tisch* tunkt jeder mit den Händen oder mit Hilfe einer Gabel das Gemüse in die heiße Würzsauce.

### Passende Beilagen:
Grissini, die langen Knabberstangen, und italienisches oder anderes Weißbrot. Auch Pellkartoffeln passen als Beilage.

### Das Original
Bagna cauda heißt »heißes Bad«, das Rezept stammt aus dem Piemont. »Gebadet« wird kleingeschnittenes, knackiges Gemüse in einer pikanten Sauce aus Öl, Knoblauch und Sardellen, manchmal kommt zudem Rotwein oder etwas Sahne hinein, eine edle Variante wird mit weißen Trüffeln gekrönt.

# Spargel mit Hummerbutter

Zutaten für 4 Personen:
Salz
Zucker
750 g weißer Spargel
750 g grüner Spargel (oder 1½ kg weißer Spargel)
200 g Zuckerschoten
400 g feste Champignons
400 g Butter
50 g Hummerpaste (aus dem Glas)
weißer Pfeffer, frisch gemahlen

## Festlich

Pro Portion etwa: 3500 kJ/830 kcal

Vorbereitungszeit: etwa 45 Minuten

**1.** In zwei Töpfen Salzwasser mit je 1 Prise Zucker erhitzen. Den Spargel putzen, den weißen schälen und alles in mundgerechte Stücke schneiden. Getrennt knapp bißfest vorgaren, dabei braucht weißer Spargel länger als grüner. Den Spargel gut abtropfen lassen.

**2.** Gleichzeitig die Zuckerschoten waschen und putzen, eventuell halbieren. In Salzwasser 3–4 Minuten vorgaren, dann gut abtropfen lassen.

**3.** Die Champignons putzen und waschen oder abreiben, in dicke Scheiben schneiden. Alle Gemüsesorten auf Platten anrichten.

**4.** In einem Topf auf dem Herd die Butter schmelzen lassen, die Hummerpaste einrühren und ebenfalls schmelzen. Mit Pfeffer würzen. In den Caquelon oder eine flache, feuerfeste Schüssel umfüllen, bei kleiner (!) Flamme auf dem Rechaud heiß halten.

*Am Tisch* spießt jeder Gemüsestücke auf seine Fonduegabel und tunkt sie in die Hummerbutter. Dabei darauf achten, daß die Butter nicht zu heiß wird, sonst verbrennt sie.

### Passende Beilagen:
Kleine neue Pellkartoffeln oder Baguette.
Grüner Salat mit milder Vinaigrette.

### Variante:
Sie können auch den Klassiker »Spargel mit Sauce hollandaise« am Tisch genießen. Allerdings müssen Sie bei der feinen Hollandaise, einer aufgeschlagenen Eier-Butter-Sauce, sehr gut darauf achten, daß sie nicht zu heiß wird, sonst gerinnt sie. Als Beilage paßt dann neben Pellkartoffeln natürlich roher Schinken besonders gut.

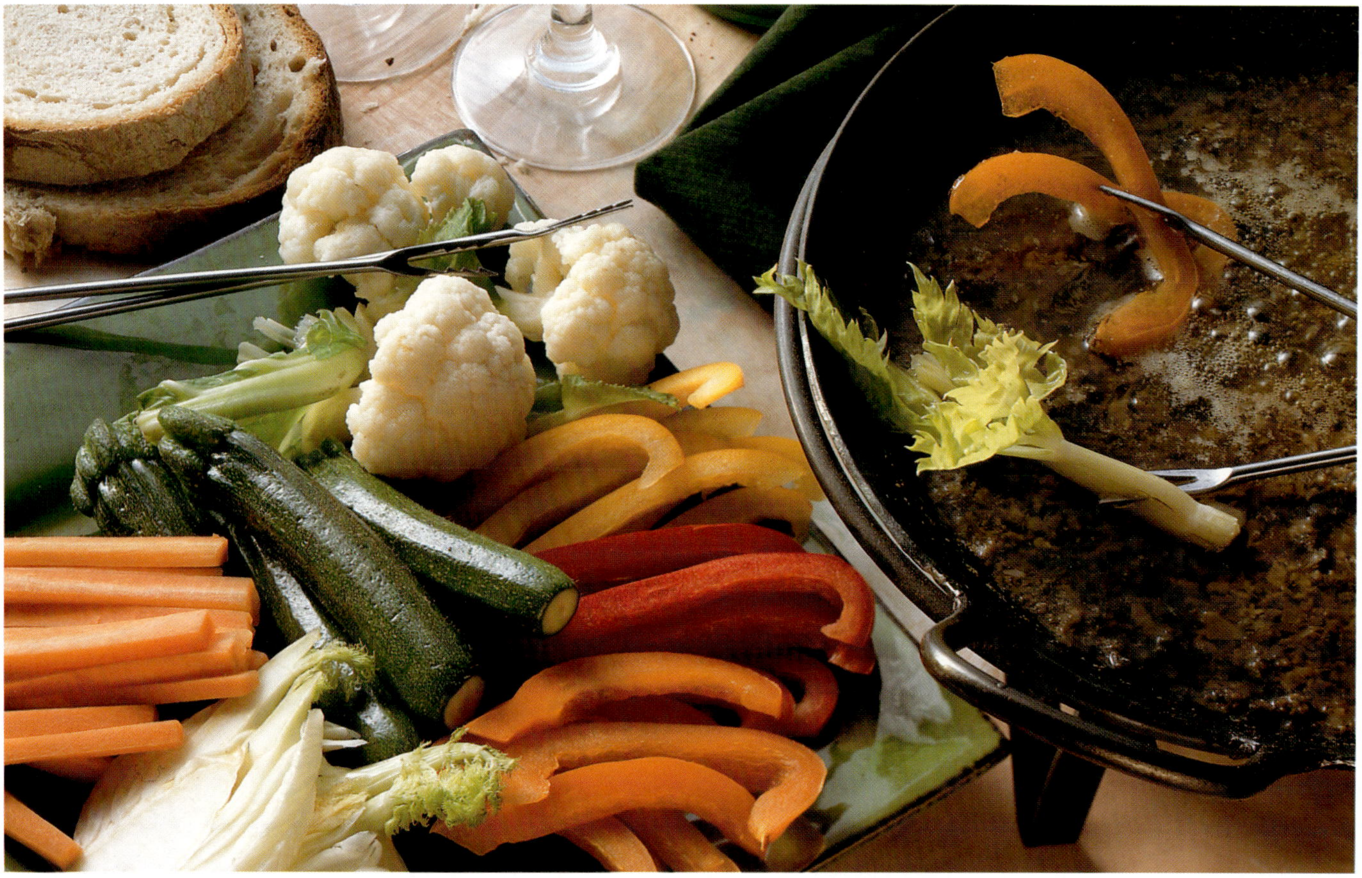

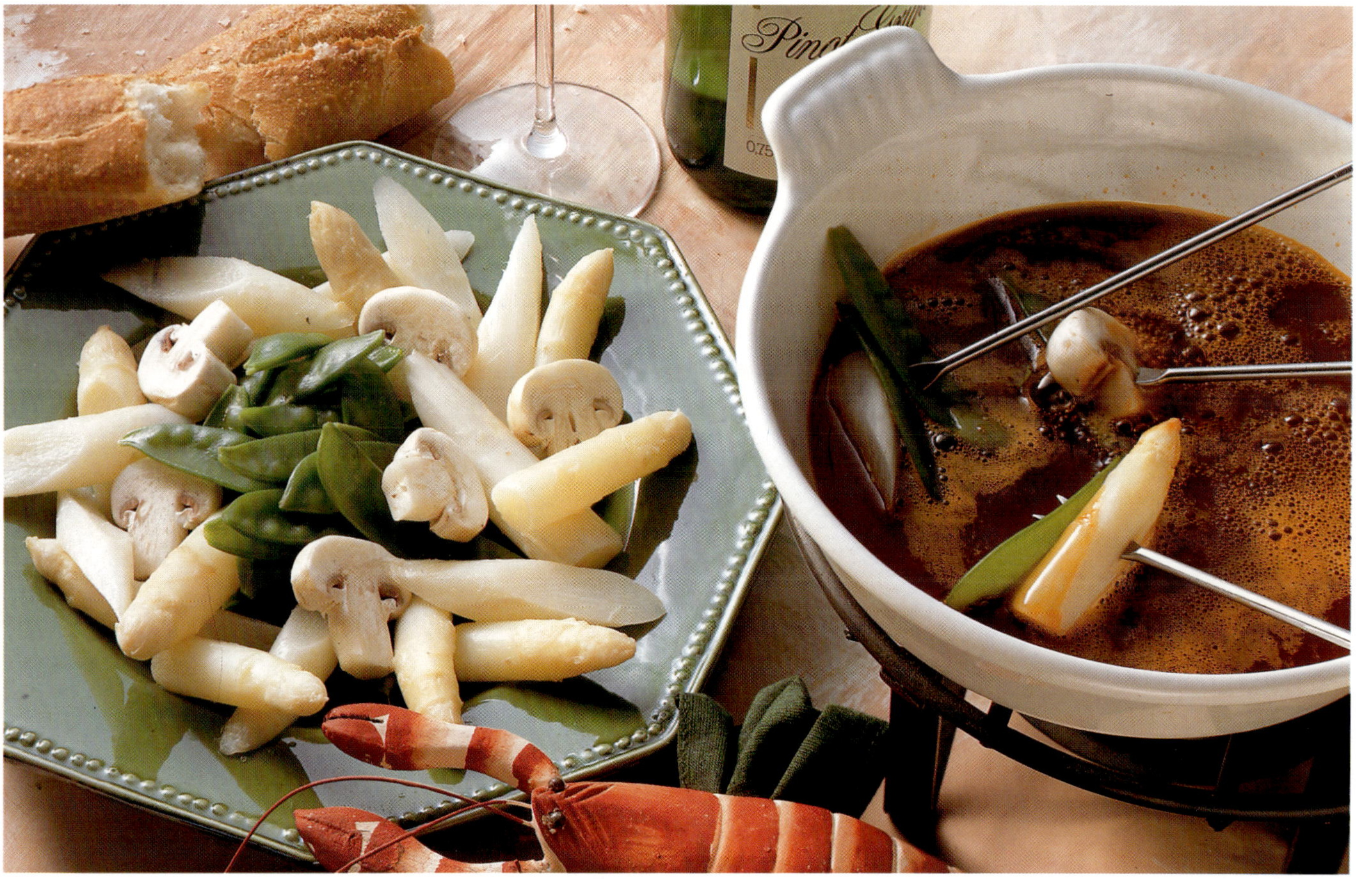
Pinot

# Wirsingtopf mit Kaninchen und Linsen

Zutaten für 4 Personen:
1 kleiner Wirsing (etwa 700 g)
500 g Kaninchenfilet (ersatzweise
Puten- oder Hähnchenbrustfilet)
Salz
schwarzer Pfeffer, frisch gemahlen
1 Glas süßsauer eingelegter Kürbis
(330 g Füllmenge)
200 g rote Linsen
2 Bund glatte Petersilie
1½ l kräftige Hühnerbrühe

## Raffiniert

Pro Portion etwa: 1800 kJ/430 kcal

Vorbereitungszeit: etwa 40 Minuten

**1.** Den Wirsing putzen, die äußeren
Blätter entfernen. Den Kopf waschen,
achteln und die Achtel ohne den
harten Mittelstrunk in feine Streifen
schneiden.

**2.** Das Kaninchenfilet mundgerecht
würfeln, mit Salz und Pfeffer würzen.

**3.** Den Kürbis abtropfen lassen, den
Sud auffangen. Den Kürbis eventuell
noch etwas kleiner würfeln.

**4.** Die roten Linsen waschen und verlesen (oft sind Steinchen dazwischen).
Die Petersilie waschen, abtrocknen
und ohne die groben Stiele fein
hacken.

**5.** Zuerst eine Lage Wirsingstreifen in
den Feuertopf geben, den Kohl mit Salz
und Pfeffer würzen. Einige Linsen dazwischen streuen, dann die übrigen
vorbereiteten Zutaten in den Feuertopf
schichten, dazwischen noch etwas Salz
und Pfeffer geben.

**6.** Den Kürbissud mit der Brühe mischen und in einem Topf auf dem Herd
aufkochen. Vorsichtig in den Feuertopf
umgießen. Den Deckel des Feuertopfes
auflegen, die Brühe auf dem Rechaud
am Köcheln halten.

*Am Tisch* garen die Zutaten im zuge-
deckten Feuertopf in der Brühe. Nach
etwa 15 Minuten Kochzeit können Sie
den Deckel vom Feuertof abheben und
mit dem Essen beginnen. Jeder nimmt
mit seinem Siebchen Zutaten aus dem
Feuertopf und ißt sie, wie gewohnt,
mit Messer und Gabel.

## Tip

Decken Sie den Tisch mit tiefen Tellern
und, zusätzlich zu Messer und Gabel,
mit Suppenlöffeln. Dann kann die köst-
liche Brühe zuletzt als Suppe genossen
werden.

## Das Besondere

Dies ist eine weitere feine Servierart für
den Feuertopf. Alle Zutaten werden bereits in der Küche eingeschichtet. Dann
gießt man heiße Brühe darüber und
stellt den Topf zugedeckt auf den Tisch
– auf den brennenden Rechaud. Die
Brühe köchelt, die Zutaten garen.
Sie können zusammen mit Ihren
Gästen einen Aperitif genießen oder
eine Vorspeise servieren.
Nach der vorgesehenen Garzeit wird
der Deckel vom Feuertopf abgehoben,
Dampf und wunderbare Gerüche breiten sich aus. Jeder fischt mit seinem
Siebchen einige Zutaten aus dem Topf
und verspeist sie, zuletzt können Sie
die Brühe als Suppe reichen.
Auf diese Art können Sie natürlich
immer wieder andere Gerichte auf dem
Tisch kochen. Beachten Sie bei der
Auswahl der Zutaten nur, daß sie alle
dieselbe und eine nicht zu lange Garzeit haben (sonst wird es langweilig).
Die Zutaten sollen aber auch nicht im
Nu verkochen und zäh oder matschig
werden, wenn sie längere Zeit in der
Brühe köcheln. Schließlich beginnen
Sie nach der Garzeit mit dem Essen,
der Genuß soll sich aber ganz gemüt-
lich über eine längere Zeit ausdehnen
lassen.

## Varianten:
### Okratopf mit Reis und Hackbällchen
Den Feuertopf mit gut abgespülten
Weinblättern auslegen. Pikant mit
Knoblauch gewürzte Hackbällchen
(nach Geschmack aus Lammhack-
fleisch), geputzte Okraschoten, einige
gewaschene Rosinen, gewürfelten
Schafkäse, gewürfelte Paprikaschoten
und Reis einschichten, mit heißer
Brühe aufgießen und zugedeckt etwa
20 Minuten köcheln lassen.

### Bohnen, Birnen und Speck aus dem Feuertopf
Geschälte Kartoffeln, gekochten Speck
und feste Birnen grob würfeln, grüne
Bohnen putzen und waschen, etwas
kleinschneiden. Die Zutaten in den
Feuertopf schichten, Salz, Pfeffer und
kleingehacktes Bohnenkraut dazwischen geben, heiße Hühnerbrühe angießen. Den Feuertopf zugedeckt etwa
20 Minuten köcheln lassen.

### Gemüsetopf mit Hähnchenfilet
Kleine neue Kartoffeln schälen und
vierteln. Allerlei zartes Frühlings-
gemüse (Spargel, Zuckerschoten, Kohlrabi, Frühlingszwiebeln, Möhren)
putzen, waschen und mundgerecht
zerschneiden. Die Kartoffeln zusammen mit dem Gemüse, mit gewürfel-
tem Hähnchenbrustfilet und reichlich
gehackten Kräutern (Petersilie, Schnittlauch, Kerbel) in den Feuertopf schichten. Kräftige Hühnerbrühe und etwas
trockenen Weißwein in einem Topf aufkochen, in den Feuertopf umgießen
und die Zutaten im Feuertopf zugedeckt etwa 15 Minuten köcheln lassen.

# Filet in Rotwein

Zutaten für 4 Personen:
1 kg Filetfleisch (nach Geschmack von
Rind, Schwein, Kalb, Huhn)
frische Kräuter und Salatblätter zum
Anrichten
3 mittelgroße Zwiebeln
3 Eßl. Butter
½ l trockener Rotwein
½ l trockener Roséwein
Salz
schwarzer Pfeffer, frisch gemahlen
etwas gemahlener Koriander

## Kalorienarm • Schnell fertig

Pro Portion etwa: 1700 kJ/400 kcal

Vorbereitungszeit: etwa 30 Minuten

**1.** Das Fleisch waschen, abtrocknen
und in etwa ½ cm dicke Scheiben
schneiden, mundgerecht zerteilen. Die
Kräuter und die Salatblätter waschen,
abtrocknen und das Fleisch damit
dekorativ auf einer Platte anrichten.

**2.** Die Zwiebeln schälen und sehr fein
würfeln. Die Butter im Fonduetopf auf
dem Herd erhitzen, die Zwiebelwürfel
darin unter Rühren glasig werden
lassen. Mit dem Wein ablöschen, mit
Salz, Pfeffer und dem Koriander würzen, offen etwa 10 Minuten köcheln
lassen. Anschließend auf dem Rechaud
heiß halten.

*Am Tisch* gibt jeder Fleisch in den Rotwein und fischt dieses in Siebchen zusammen mit Zwiebelwürfeln wieder
heraus.

### Passende Beilagen:
Zwiebelbrot.
Gemischter Salat, eingelegtes Gemüse.
Kräuterdip (Seite 64), Gorgonzolasauce
(Seite 64) und weitere Saucen nach
Geschmack.

# Kaninchen in Weißwein

Zutaten für 4 Personen:
600–800 g Kaninchenfilet
2 Eßl. Wacholderbeeren
Salz
schwarzer Pfeffer, frisch gemahlen
2 Eßl. frische Majoranblättchen
600 g Chicorée
2 Bund Brunnenkresse
½ l trockener, kräftiger Weißwein
½ l Hühnerbrühe

## Kalorienarm

Pro Portion etwa: 1200 kJ/290 kcal

Vorbereitungszeit: etwa 30 Minuten

**1.** Die Kaninchenfilets waschen und abtrocknen. Die Wacholderbeeren zerdrücken, mit Salz, Pfeffer und dem Majoran vermischen, die Kaninchenfilets damit einreiben. Die Filets dann in schräge, etwa ½ cm dicke Scheiben schneiden.

**2.** Den Chicorée putzen, waschen und in 2–3 cm breite Streifen schneiden. Die Brunnenkresse waschen und verlesen, nur die groben Stiele abzwicken.

**3.** Die Kaninchenscheiben zusammen mit dem Chicorée und der Kresse auf Platten anrichten.

**4.** Den Wein und die Brühe im Fonduetopf auf dem Herd aufkochen, mit Pfeffer würzen. Auf dem Rechaud am Köcheln halten.

*Am Tisch* gart jeder Zutaten in seinem Siebchen in dem köchelnden Wein. Ist zu viel Flüssigkeit verdampft, wird mit Wasser oder Brühe und Wein aufgefüllt.

## Passende Beilagen:
Baguette.
Mandeldip (Seite 60), Basilikum-Dip (Seite 68), Preiselbeerdip (Seite 60).

## Lachs in Weinsahne

Zutaten für 4 Personen:
Salz
2 Fenchelknollen
600 g Filet von Lachs oder Lachsforelle
2 Eßl. Zitronensaft
weißer Pfeffer, frisch gemahlen
8 ausgelöste Jakobsmuscheln
(etwa 200 g)
3 Bund Frühlingszwiebeln
Zitronen zum Garnieren
¾ l trockener Weißwein
125 g Crème fraîche
etwas gemahlener Koriander

**Raffiniert**

Pro Portion etwa: 1800 kJ/430 kcal

Vorbereitungszeit: etwa 45 Minuten

**1.** Reichlich Salzwasser aufkochen. Die Fenchelknollen putzen, waschen und vierteln. In einzelne »Blätter« zerlegen und im kochenden Wasser etwa 3 Minuten vorgaren, gut abtropfen lassen.

**2.** Die Fischfilets kalt abwaschen, abtrocknen und in mundgerechte, etwa ½ cm dicke Scheiben schneiden. Mit dem Zitronensaft und Pfeffer würzen.

**3.** Die Jakobsmuscheln ganz kurz kalt abbrausen, dann halbieren.

**4.** Die Frühlingszwiebeln putzen, waschen und in etwa 5 cm lange Stücke, diese längs in feine Streifen schneiden. Die Zwiebeln, den Fenchel, den Fisch und die Jakobsmuscheln auf Platten anrichten. Mit Zitronen garnieren.

**5.** Den Wein im Fonduetopf auf dem Herd aufkochen, die Crème fraîche unterrühren, mit Pfeffer und etwas Koriander würzen. Auf dem Rechaud am Köcheln halten.

*Am Tisch* gibt jeder Zutaten in den köchelnden Sud und hebt sie mit seinem Siebchen wieder heraus.

**Passende Beilagen:**
Frisches Baguette oder Reis.
Dillcreme mit Tomaten (Seite 64; 3–4fache Menge).

## Maisfondue

Zutaten für 4 Personen:
600 g kleine neue Kartoffeln (möglichst eine festkochende Sorte)
Salz
250 g Zuckerschoten
schwarzer Pfeffer, frisch gemahlen
200 g Salami am Stück
250 g gekochter Schinken in etwa ½ cm dicken Scheiben
3 Dosen Maiskörner (je 400 g)
250 g Crème fraîche
Cayennepfeffer oder einige Tropfen Tabasco

**Raffiniert**

Pro Portion etwa: 3100 kJ/740 kcal

Vorbereitungszeit: etwa 40 Minuten

**1.** Die Kartoffeln waschen und ab-bürsten. In Salzwasser zugedeckt in etwa 20 Minuten nicht zu weich garen, dann abgießen und abdampfen lassen, eventuell halbieren.

**2.** Inzwischen die Zuckerschoten putzen, waschen und 3–4 Minuten in Salzwasser vorgaren. In ein Sieb ab-gießen, kalt abbrausen und gut abtrop-fen lassen.

**3.** Die Salami in etwa ½ cm dicke Scheiben, dann in breite Streifen schneiden. Den Schinken ebenfalls in Streifen schneiden. Alle Zutaten auf Platten anrichten.

**4.** Den Mais mit der Flüssigkeit in den Mixer geben und glatt pürieren, dann durch ein feines Sieb streichen. In den Fonduetopf umgießen, die Crème fraîche einrühren und die Mischung unter Rühren erhitzen. Mit Salz, schwarzem Pfeffer und Cayennepfeffer oder Tabasco pikant abschmecken. Auf dem Rechaud bei kleiner (!) Flamme am Köcheln halten.

*Am Tisch* spießt jeder Zutaten auf seine Fonduegabel und erwärmt sie in dem leicht köchelnden Maissud.

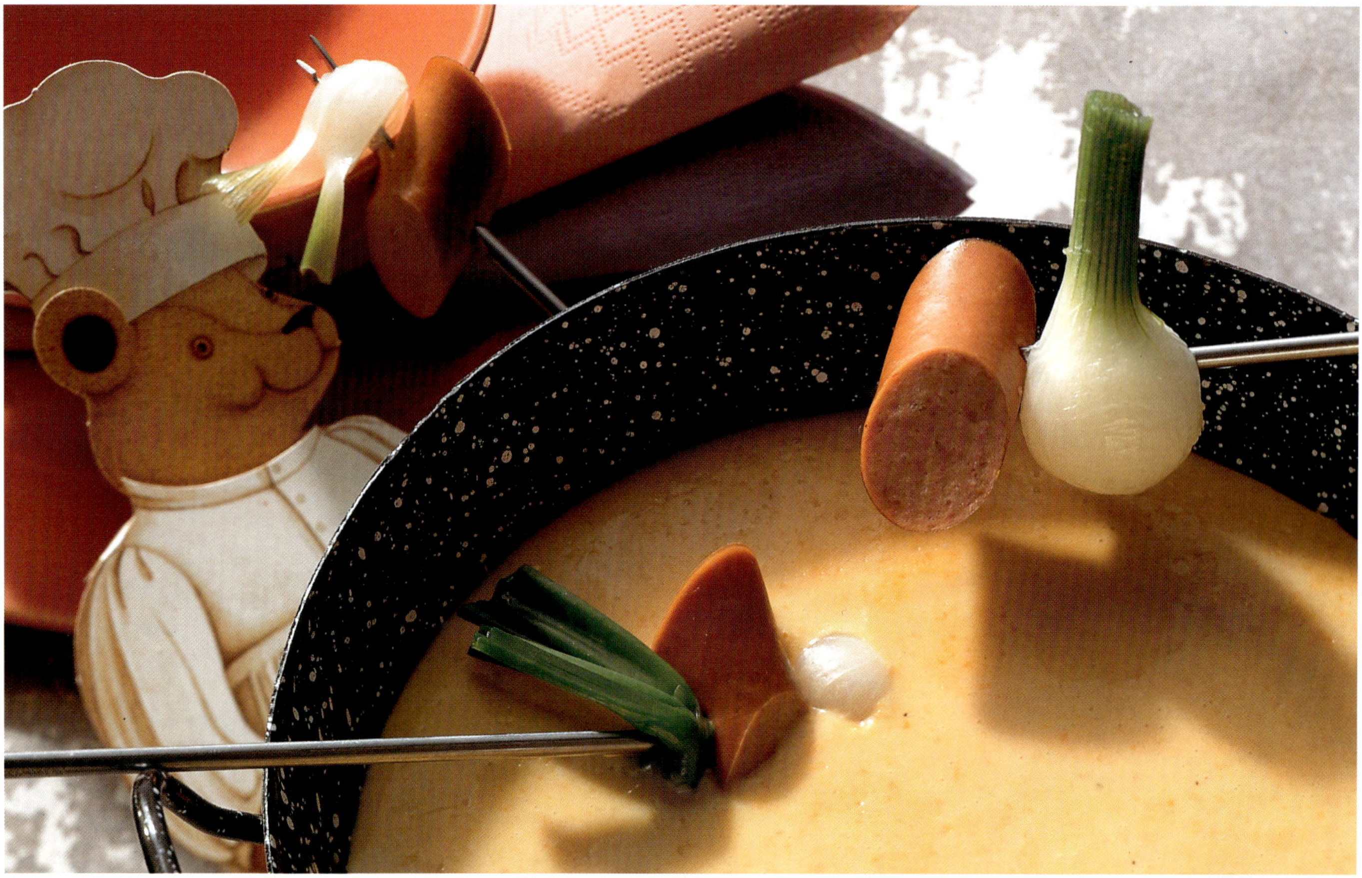

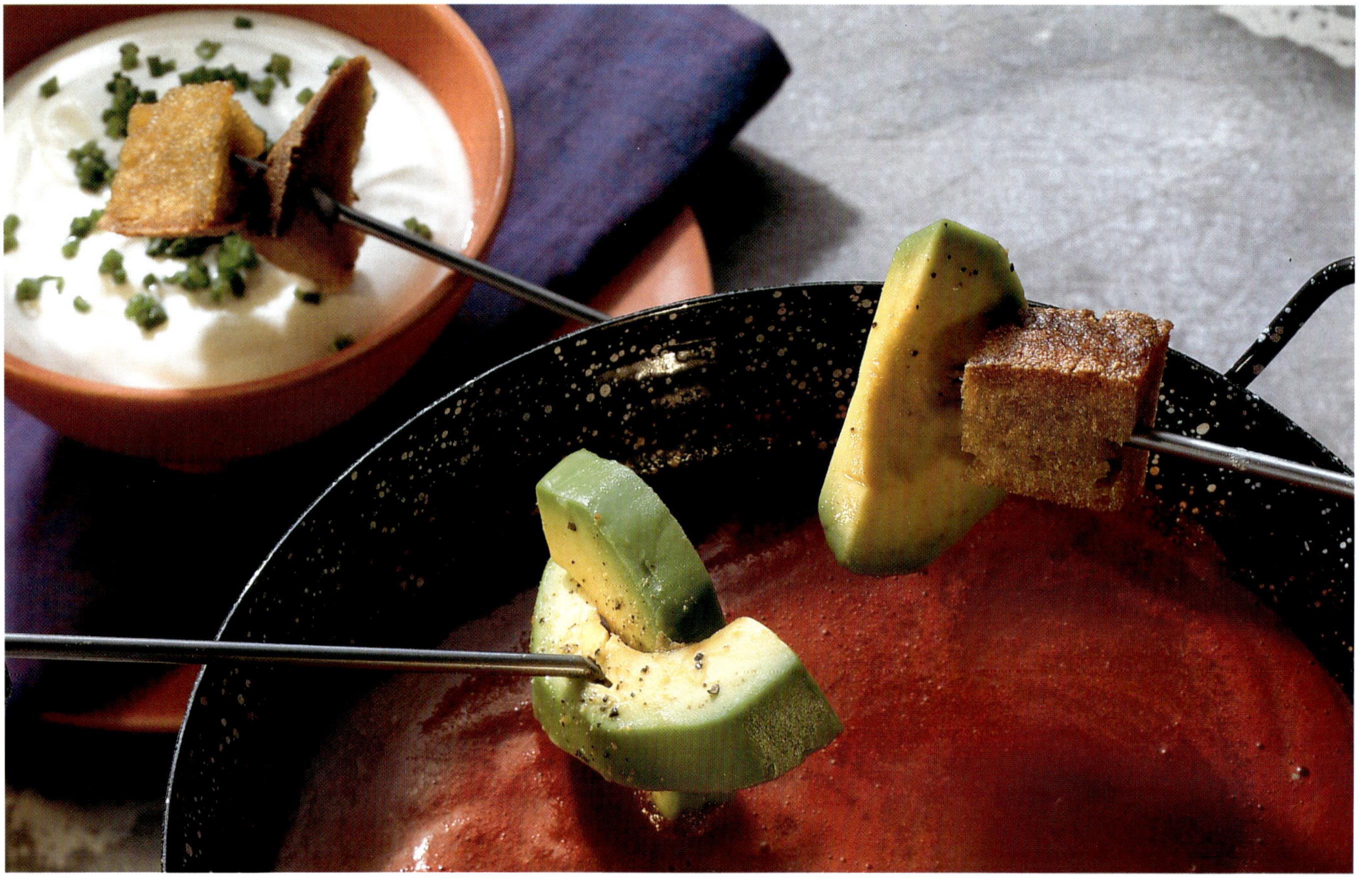

# Möhrenfondue

Zutaten für 4 Personen:
500 g Möhren
Salz
1 Teel. Honig
1 Bund Frühlingzwiebeln
600 g Hähnchenbrustfilet
schwarzer Pfeffer, frisch gemahlen
gemahlener Kreuzkümmel
6 Wiener Würstchen
200 g Sahne
¼ l Gemüsebrühe

## Für Kinder

Pro Portion etwa: 2300 kJ/550 kcal

Vorbereitungszeit: etwa 45 Minuten

**1.** Die Möhren putzen, waschen und schälen, grob würfeln. Mit wenig Wasser in einen Topf geben, mit Salz und dem Honig würzen, zugedeckt bei mittlerer Hitze in etwa 15 Minuten weich kochen.

**2.** Inzwischen die Frühlingzwiebeln putzen und waschen, in etwa 4 cm lange Stücke schneiden. In Salzwasser 2–3 Minuten vorgaren, dann gut abtropfen lassen.

**3.** Die Hähnchenbrustfilets kalt abwaschen, abtrocknen und in dünne Scheiben schneiden. Mit Salz, Pfeffer und Kreuzkümmel würzen. Die Würstchen in mundgerechte Stücke schneiden. Alle Zutaten auf Platten anrichten.

**4.** Die Möhren abtropfen lassen und pürieren. In den Fonduetopf geben, die Sahne und die Brühe dazugießen. Aufkochen, mit Salz und Pfeffer abschmecken. Auf dem Rechaud bei kleiner (!) Flamme am Köcheln halten.

*Am Tisch* spießt jeder Zutaten auf seine Fonduegabel und gart sie im heißen Möhrensud. Den Sud zwischendurch umrühren.

**Passende Beilagen:**
Zwiebelbaguette oder kleine neue Kartoffeln.

**Tip**
Den Möhrensud zuletzt auslöffeln. Oder am nächsten Tag mit Brühe verdünnen und als feine Suppe servieren.

# Chilitopf

Zutaten für 4 Personen:
400 g Zwiebeln
8 kleine Chilischoten
8 Knoblauchzehen
4 kg Fleischtomaten
⅛ l Olivenöl
Salz
schwarzer Pfeffer, frisch gemahlen
500 g Zwiebel- oder Bauernbrot
4 nicht zu reife Avocados
4 Eßl. Limetten- oder Zitronensaft

## Ohne Fleisch

Pro Portion etwa: 4900 kJ/1200 kcal

Vorbereitungszeit: etwa 1 Stunde

**1.** Die Zwiebeln schälen und grob würfeln. Die Chilischoten aufschlitzen, entkernen, waschen und hacken, den Knoblauch schälen, ebenfalls hacken. Die Tomaten waschen und grob würfeln.

**2.** 4 Eßlöffel Öl in einem Topf erhitzen, die Zwiebeln, den Chili und den Knoblauch darin unter Rühren anbraten. Die Tomaten dazugeben, die Mischung salzen und pfeffern und unter gelegentlichem Rühren bei schwacher Hitze zugedeckt etwa 30 Minuten köcheln lassen.

**3.** Inzwischen das Brot mundgerecht würfeln, nach und nach im restlichen Olivenöl in einer Pfanne knusprig braten. Auf einer Platte bereitstellen.

**4.** Die Avocados schälen, halbieren und entsteinen, die Hälften quer in nicht zu dünne Scheiben schneiden. Mit dem Limetten- oder Zitronensaft beträufeln, salzen und pfeffern. Auf einem Teller anrichten.

**5.** Die Tomatenmischung im Mixer pürieren und durch ein feines Sieb in den Fonduetopf streichen. Wieder aufkochen, dann auf dem Rechaud bei kleiner Flamme am Köcheln halten.

*Am Tisch* spießt jeder Brotwürfel oder Avocadostücke auf seine Fonduegabel und tunkt sie in den Chilisud.

**Passende Beilage:**
Joghurt oder Crème fraîche, mit Knoblauch, Salz, Pfeffer und Schnittlauchröllchen fein abgeschmeckt.

**Variante:**
Sie können in dünne Scheiben geschnittenes Putenfilet und geschälte Garnelen im Chilisud garen. Wenn Sie Siebchen haben, passen zudem Maiskörner und rote Bohnen aus der Dose sowie gegarte Nudeln zu diesem würzigen Fondue.

Zutaten für 4 Personen:
500 g Rinderfilet
100 g Glasnudeln
2 Bund Frühlingszwiebeln
3 große Möhren
300 g frische Shiitake- oder Austernpilze
250 g Tofu
⅛ l Reiswein
⅛ l Sojasauce
¼ l Gemüsebrühe
4 Eier
1 Eßl. Rindertalg (ersatzweise Öl)
3 Teel. Zucker
weißer Pfeffer, frisch gemahlen

## Klassiker aus Japan

Pro Portion etwa: 1700 kJ/400 kcal

Vorbereitungszeit: etwa 45 Minuten

**1.** Das Rinderfilet kalt abwaschen, abtrocknen und in dünne Scheiben
schneiden. (Eventuell zuvor anfrieren
lassen.)

**2.** Die Glasnudeln in einer Schüssel mit
heißem Wasser übergießen und quellen
lassen.

**3.** Die Frühlingszwiebeln waschen und
putzen, die unteren Teile in feine,
schräge Ringe, das Grün in 5–6 cm
lange Stücke, diese längs in Streifen
schneiden. Die Möhren schälen, in
dünne Scheiben und dann in Recht-
ecke schneiden. Die Shiitake- oder die
Austernpilze vorsichtig waschen oder
abreiben, putzen und in breite Streifen
schneiden.

**4.** Den Tofu abtropfen lassen, in Scheiben und dann in Stücke schneiden. Die
Glasnudeln abtropfen lassen, eventuell
etwas kleiner schneiden.

**5.** Den Reiswein mit der Sojasauce und
der Brühe mischen.

**6.** Die Eier in vier Schälchen aufschlagen. Alle Zutaten auf dem Tisch
bereitstellen.

**7.** Den Talg oder das Öl in einer breiten Pfanne auf dem Herd nicht zu stark
erhitzen. Den Zucker hineinstreuen
und karamelisieren lassen, mit etwas
von der gewürzten Brühe ablöschen.
Auf dem Rechaud in der Pfanne heiß
halten.

*Am Tisch* etwas Fleisch in die Pfanne
geben und garen, an den Rand schie-
ben. Etwas gewürzte Brühe dazugießen, einen Teil der übrigen Zutaten
dazugeben und garen. Die Zutaten
sollen nicht in der Sauce schwimmen,
die Sauce darf den Boden nur gerade
gut bedecken.
Jeder nimmt mit seinen Stäbchen gegarte Zutaten nach seinem Geschmack
heraus und dipt sie in das bereitge-
stellte Ei (welches dabei verquirlt wird).
Nach und nach immer wieder Fleisch
anbraten, Brühe und die übrigen Zutaten dazugeben.

**Passende Beilage:**
Gekochter Reis

**Achtung:**
Sie können den Zucker auch am Tisch
karameliesieren lassen und ablöschen.
Doch dabei ist Vorsicht geboten – es
kann stark spritzen, und die Spritzer
sind sehr heiß.

**Varianten:**
Immer andere Gemüsesorten wie Bam-
busssprossen, Lauch, Blattgemüse wie
Spinat oder Japankohl, Staudensellerie
verwenden.

*Angefrorenes Fleisch läßt sich am
besten in feine Scheiben schneiden.
Dafür legen Sie es 30–45 Minuten ins
Tiefkühlgerät.*

# Süß: Fondues mit Schokolade und Sahne

Für Kinder und alle großen Süßschnäbel, zum nachmittäglichen Kaffee oder als raffinierter Menüabschluß – süße Fondues kommen immer an. Die Basis bilden Schokolade, Mandelsahne, Vanillecreme, Marzipan; hineingedippt werden frische Früchte aller Art, Kuchen, Kekse und anderes Gebäck. Allgemeine Tips zum guten Gelingen süßer Fondues stehen auf der nächsten Doppelseite.

# Das süße Fondue

Süße Fondues können Sie als Dessert oder zum Nachmittagskaffee servieren. Bei einem Kindergeburtstag sind sie gewiß der große Renner. Allerdings ist dabei Vorsicht geboten, Sie sollten die Kinder nicht unbeaufsichtigt lassen. Besonders gilt dies für einen spiritusbetriebenen Brenner.

Sie können Schokoladenfondue und die anderen süßen Fondues im gewöhnlichen Fett- oder Käsefonduetopf zubereiten. Es gibt jedoch auch spezielle Töpfchen für Schokoladenfondue. Sie sind aus Keramik und werden mit einem Teelicht beheizt. In die Töpfchen paßt nur etwa ¼ l Schokoladensauce hinein, diese Menge reicht für vier Personen als Dessert. Die Rezepte in diesem Buch sind für größere Töpfe und somit für mehr als vier Personen berechnet.

Wichtig ist stets eine sehr gemäßigte Hitze, sonst brennt die süße Masse an.

## Die Zutaten

Das bekannteste süße Fondue ist ein Schokoladenfondue. Schokolade wird in Milch oder Sahne geschmolzen, am Tisch werden Früchte oder Gebäckstücke hineingetaucht.

Durch die Wahl der Schokoladensorte können Sie dieses Fondue immer wieder abwandeln. Zudem können Sie die Schokoladenmasse raffiniert aromatisieren, beispielsweise mit löslichem Kaffee oder mit einem Likör. Auch bei den Zutaten zum Dippen können Sie nach Lust und Laune experimentieren. Neben der Schokoladenmasse eignen sich allerlei süße Flüssigkeiten für ein Fondue. Marzipancreme, Vanillesauce, Fruchtmark sind nur einige Beispiele.

## Tips, damit Ihr süßes Fondue problemlos gelingt:

• Für Schokoladenfondue gibt es spezielle, kleine Töpfchen. Die Fondues in diesem Buch sind jedoch im Caquelon des Käsefondues zubereitet. Der Caquelon eignet sich besser als andere Töpfe, die süße Masse wird darin nicht zu heiß.

• Die meisten süßen Fondues vertragen keine große Hitze, sie würden anbrennen. Achten Sie deshalb stets auf eine sehr kleine Flamme. Oder stellen Sie das Fondue auf ein Stövchen, das mit Teelichten beheizt wird.

• Um ganz sicher zu gehen, daß nichts anbrennt: Die süße Masse am besten in einer Schüssel über einem heißen Wasserbad zubereiten und erst dann in den Caquelon umfüllen.

• Übriggebliebene Zutaten zugedeckt über Nacht in den Kühlschrank stellen. Sie schmecken auch am nächsten Tag noch ausgezeichnet.

# Schokoladenfondue

Zutaten für 6–8 Personen:
150 g gemischte getrocknete Früchte
(Aprikosen, Feigen, Datteln, Pflaumen)
1 große feste Birne
2 Bananen
2 Eßl. Zitronensaft
200 g große Weintrauben
100 g Löffelbiskuits
100 g Vollmilch-Schokolade
100 g Zartbitter-Schokolade
200 ml Milch
3–4 Eßl. brauner Rum oder Cognac
nach Belieben

## Als Dessert servieren

Bei 8 Personen pro Portion etwa:
1300 kJ/310 kcal

Vorbereitungszeit: etwa 45 Minuten

**1.** Die getrockneten Früchte in einem
Sieb unter heißem Wasser abbrausen.
Abtropfen lassen und eventuell ent-
steinen.

**2.** Die Birne waschen und abtrocknen,
vierteln, entkernen und in dicke Spalten schneiden. Die Bananen schälen, in
dicke Stücke schneiden, die Früchte sofort in Zitronensaft wenden.

**3.** Die Weintrauben waschen und von
den Stielen zupfen.

**4.** Die Löffelbiskuits vorsichtig mit
einem scharfen Messer halbieren.

**5.** Die getrockneten sowie die frischen
Früchte und die Löffelbiskuits auf Platten anrichten.

**6.** Die Schokolade grob hacken, zusammen mit der Milch in den Caquelon
geben. Die Schokolade bei ganz
schwacher Hitze unter Rühren schmelzen lassen. Nach Geschmack mit dem
Rum oder Cognac aromatisieren.

*Am Tisch* spießt jeder die Zutaten mit
seiner Fonduegabel auf und tunkt sie in
die Schokoladensauce.

## Tips

• Für Kinder den Alkohol in der
Schokoladensauce weglassen.
• Mit der Wahl der Schokolade können
Sie den Fonduegeschmack variieren.
Wenn Sie mehr Vollmilch-Schokolade
nehmen, wird das Fondue süßer und
milder. Kräftiger und würziger
schmeckt es, wenn Sie nur Zartbitter-
Schokolade verwenden.
• Zum Aromatisieren des Fondues
können Sie auch Kaffee verwenden.
2–3 Eßlöffel löslichen Kaffee dafür zu-
erst in wenig heißer Milch auflösen.
Auch Orangenlikör und abgeriebene
Orangenschale oder Mandellikör und
geröstete Mandeln eignen sich zum
Verfeinern.
• Nach Geschmack das Fondue mit
anderen Früchten und verschiedenem
Gebäck wie süßem Weißbrot oder
Rosinenbrot variieren. Gut passen auch
Äpfel, Erdbeeren, Zwetschgen, Apri-
kosen, nicht zu reife Kiwis, Feigen,
Ananas oder andere exotische Früchte.
Für Erwachsene können Sie die
Früchte auch in etwas passendem Alko-
hol marinieren.
• Ideal für Kinder: Marshmallows be-
reitstellen.
• Wenn Sie nicht auf Kalorien achten
müssen, können Sie statt Milch auch
Sahne verwenden. Das Fondue
schmeckt dann cremiger und voller.

## Getränkehinweis

Zum Schokoladenfondue passen Milch,
Kakao oder Kaffee, eventuell auch mal
ein Gläschen Cognac zwischendurch.

# Joghurtfondue

Zutaten für 4 Personen:
1 kg gemischte Früchte, geputzt
gewogen (Erdbeeren, Kiwis, Kirschen,
Pfirsiche, Bananen, Äpfel, reife
Pflaumen, Weintrauben)
Zitronensaft
250 g Vollmilch-Joghurt
250 g Crème fraîche
4 Teel. Speisestärke
2 Eßl. Honig
1 unbehandelte Orange

## Im Sommer ein Hauptgericht

Pro Portion etwa: 1700 kJ/400 kcal

Vorbereitungszeit: etwa 40 Minuten

**1.** Die Früchte gründlich waschen,
putzen und mundgerecht kleinschneiden. Bananen und Äpfel dabei
mit Zitronensaft beträufeln, damit sie
sich nicht verfärben. Die Früchte
dekorativ anrichten.

**2.** Den Joghurt mit der Crème fraîche
und der Speisestärke glattrühren, mit
dem Honig süßen. In den Caquelon
füllen und bei schwacher Hitze auf
dem Herd unter Rühren erhitzen, bis
der Joghurt cremig wird. Dabei jedoch
nicht kochen lassen.

**3.** Die Orange heiß abwaschen und abtrocknen. Die Schale fein abreiben, den
Saft auspressen, beides unter den Joghurt rühren. Die Mischung bei kleiner
Flamme auf dem Rechaud heiß halten.

*Am Tisch* spießt jeder Früchte auf
seine Fonduegabel und tunkt sie in die
Fonduemischung.

*Im Bild oben: Joghurtfondue*
*Im Bild unten: Schokoladenfondue*

# Exoten in Mandelmilch

Zutaten für 6 Personen:
100 g Mandeln
2 Kiwis
200 g Litschis
1 Mango
1 Papaya
50 g getrocknete Kokosraspel
¼ l Milch
2 Eßl. Ahornsirup
2 Eßl. weißer Rum nach Belieben

**Als Dessert servieren**

Pro Portion etwa: 1000 kJ/240 kcal

Vorbereitungszeit: etwa 45 Minuten

**1.** Die Mandeln für etwa 2 Minuten in kochendes Wasser geben, in ein Sieb abgießen, kalt abbrausen. Die Mandeln aus den Häutchen drücken, abtrocknen und durch die Mandelmühle drehen.

**2.** Die Kiwis schälen und in Spalten schneiden. Die Litschis aus den harten Schalen lösen, die Steine aus der Mitte entfernen. Die Mango schälen, das Fruchtfleisch in Spalten vom Stein abschneiden und mundgerecht zerteilen. Die Papaya schälen, entkernen und mundgerecht zerschneiden. Alle Früchte dekorativ auf einer Platte anrichten.

**3.** Die Kokosraspeln in einer trockenen Pfanne goldbraun rösten, in einem Schälchen bereitstellen.

**4.** Die gemahlenen Mandeln in einer trockenen Pfanne bei mittlerer Hitze unter Rühren goldgelb werden lassen. Mit der Milch ablöschen und dicklich kochen, dann mit dem Ahornsirup und nach Geschmack mit dem Rum verrühren. In den Caquelon umgießen, auf dem Rechaud heiß halten.

*Am Tisch* spießt jeder Früchte nach Geschmack auf seine Fonduegabel und tunkt sie in die Mandelmilch. Die Kokosraspeln werden darübergestreut.

## Bananenfondue

Zutaten für 6 Personen:
400 g Kuchen nach Geschmack
2 unbehandelte Zitronen
4 reife Bananen
400 g Sahne
2 Teel. gemahlene Vanille (ersatzweise
Vanillezucker)
1 Teel. Zimtpuver
nach Geschmack etwas Orangenlikör

### Zum Kaffee oder Kinder-geburtstag

Pro Portion etwa: 2360 kJ/570 kcal

Vorbereitungszeit: etwa 30 Minuten

**1.** Den Kuchen mundgerecht würfeln und auf Tellern bereitstellen.

**2.** Die Zitronen heiß abwaschen, abtrocknen und etwas Schale fein abreiben, den Saft auspressen. Die Bananen schälen und sofort zusammen mit dem Zitronensaft und der -schale pürieren.

**3.** Das Bananenpüree zusammen mit der Sahne in den Caquelon geben und auf dem Herd unter Rühren erhitzen. Mit der Vanille, dem Zimt und nach Geschmack auch mit Orangenlikör verfeinern. Auf dem Rechaud bei ganz kleiner Flamme heiß halten.

*Am Tisch* spießt jeder Kuchenstücke auf seine Fonduegabel und tunkt sie in das Bananenfondue.

### Tip
Die Kuchen können Sie selbst backen oder fertig kaufen. Sie sollten trocken und fest genug sein, daß man sie mit der Fonduegabel aufspießen kann. Gut eignen sich beispielsweise Schokoladen-Biskuitboden, Zitronen-Sandkuchen oder Marzipan-Sandkuchen. Aber auch altbackene Tortenreste lassen sich verwenden.

# Tobleronefondue

Zutaten für 6–8 Personen:
500 g gemischte Früchte (zum Beispiel
Erdbeeren, Mandarinen, Pfirsiche,
Aprikosen)
4 Rosinenbrötchen
5 Eßl. Orangensaft
5 Eßl. Rum oder Orangenlikör
nach Belieben (oder noch 5 Eßl. Orangensaft)
50 g Haselnußkerne
2 Teel. Butter
200 g Sahne oder Milch
200 g Zartbitter-Schokolade
3 Eßl. Honig

## Ein festliches Dessert

Bei 8 Personen pro Portion etwa:
1600 kJ/380 kcal

Vorbereitungszeit: etwa 30 Minuten

**1.** Die Früchte waschen, putzen und
vorbereiten, mundgerecht zerschneiden und auf Tellern anrichten.

**2.** Die Brötchen mundgerecht würfeln
und auf einer Platte anrichten. Den
Orangensaft mit dem Rum oder dem
Orangenlikör nach Belieben verrühren,
die Brötchenwürfel damit beträufeln.

**3.** Die Haselnußkerne hacken, zusammen mit der Butter in einen Topf geben
und die Nüsse bei schwacher Hitze
unter Rühren anrösten, dann die Sahne
oder die Milch angießen.

**4.** Die Schokolade hacken, mit dem
Honig in den Topf geben und unter
Rühren erwärmen und schmelzen las-
sen. In den Caquelon gießen, auf dem
Rechaud heiß halten.

*Am Tisch* spießt jeder Früchte oder
Brötchenwürfel auf seine Fonduegabel
und tunkt die Zutaten in die Schoko-
masse.

# Marzipanfondue mit Erdbeeren

Zutaten für 6–8 Personen:
1 kg Erdbeeren
2 Päckchen Vanillinzucker
etwas Orangenlikör nach Geschmack
50 g gehobelte Mandeln
50 g gehackte Pistazienkerne
3 unbehandelte Orangen
125 g Marzipanrohmasse
50 g Puderzucker
150 g Crème fraîche
2 Teel. Speisestärke

## Als Dessert oder leichte Sommermahlzeit servieren

Bei 8 Personen pro Portion etwa:
1200 kJ/290 kcal

Vorbereitungszeit: etwa 30 Minuten

**1.** Die Erdbeeren waschen und putzen, große Früchte halbieren. Mit dem Vanillinzucker bestreuen, nach Geschmack mit etwas Orangenlikör beträufeln.

**2.** Die Mandeln in einer trockenen Pfanne goldgelb rösten, zusammen mit den Pistazien in Schälchen füllen.

**3.** Die Orangen heiß abwaschen und abtrocknen. Die Schale fein abreiben und den Saft auspressen.

**4.** Das Marzipan weichkneten, zusammen mit dem Puderzucker, der Orangenschale, dem Orangensaft, der Crème fraîche und der Speisestärke im Mixer pürieren. In den Caquelon gießen, auf dem Herd bei schwacher Hitze erwärmen. Auf dem Rechaud bei kleiner Flamme heiß halten.

*Am Tisch* spießt jeder Erdbeeren auf seine Fonduegabel und tunkt sie in die Marzipansauce. Dann werden die Früchte noch mit Mandeln und Pistazien bestreut.

# Vanillefondue

Zutaten für 6 Personen:
**Für das Fondue:**
2 Vanilleschoten
½ l Milch
250 g Sahne
2 Eßl. Zucker
3 Eßl. Speisestärke
2 Eigelb
**Für die Pfannkuchen:**
3 Eier
100 ml Milch
1 Prise Salz
80 g Mehl
1 Päckchen Vanillezucker
etwa 1 Eßl. Butter zum Backen
2 Teel. Kakaopulver
**Außerdem:**
250 g Erdbeeren
4 frische Feigen
2 frische Krapfen (Berliner)

## Für Kinder

Pro Portion etwa: 2100 kJ/500 kcal

Vorbereitungszeit: etwa 45 Minuten

**1.** Für das Fondue die Vanilleschoten aufschlitzen, das Mark auskratzen, beides mit der Milch und der Sahne in den Caquelon geben, auf dem Herd aufkochen. Den Zucker unterrühren, bei ganz schwacher Hitze einige Minuten ziehen lassen.

**2.** Für die Pfannkuchen die Eier mit der Milch und dem Salz verquirlen, das Mehl und den Vanillezucker unterrühren. In einer großen beschichteten Pfanne aus der Hälfte des Teiges in wenig Butter nacheinander 2 dünne Pfannkuchen backen. Den übrigen Teig mit dem Kakaopulver verrühren, noch 2 Pfannkuchen backen.

**3.** Die Erdbeeren waschen, putzen und abtrocknen. Die Feigen abreiben und vierteln. Die Krapfen mundgerecht würfeln.

**4.** Die Pfannkuchen eng aufrollen und in etwa 1 cm breite Röllchen schneiden, zusammen mit den Früchten und den Krapfenstücken anrichten.

**5.** Für das Fondue die Vanillemilch wieder aufkochen. Die Speisestärke mit etwas Wasser verquirlen, zur Vanillemilch gießen und diese unter Rühren dicklich kochen. Die Vanilleschoten herausfischen. Die Eigelbe in einer Tasse mit etwas Vanillesauce verquirlen, in den Caquelon rühren. Auf dem Rechaud bei sehr kleiner Flamme heiß halten.

*Am Tisch* spießt jeder Zutaten seiner Wahl auf seine Fonduegabel und tunkt diese in die Vanillesauce.

**Varianten:**
Gut schmecken auch frische Litschis. Statt der Krapfen können Sie auch Marmor- oder Sandkuchen verwenden.

# Gebackene Früchte

Zutaten für 4–6 Personen:
30 g Butter
50 g Zucker
1 Päckchen Vanillinzucker
2 Eier
150 g Sahne
100 g Mehl
50 g gemahlene Mandeln
2 Eßl. Rum oder Orangenlikör nach Geschmack
1 Babyananas
200 g Süßkirschen (mit Stielen)
200 g Johannisbeeren (an Rispen)
1 Apfel
1 Birne
2 Eßl. Zitronensaft
etwa 1 kg Butterschmalz zum Ausbacken
Zimtzucker zum Bestreuen

## Zum Kaffee oder als Dessert

Bei 6 Personen pro Portion etwa: 2800 kJ/670 kcal

Vorbereitungszeit: etwa 45 Minuten

**1.** Für den Teig die Butter mit dem Zucker und dem Vanillinzucker cremig rühren. Die Eier dazugeben, schaumig schlagen. Dann die Sahne, das Mehl und die Mandeln unterrühren, den Teig nach Geschmack mit dem Rum oder Orangenlikör aromatisieren.

**2.** Die Babyananas sorgfältig schälen, in mundgerechte Stücke schneiden. Die Kirschen und die Johannisbeeren vorsichtig waschen und abtrocknen. Je 2 oder 3 Kirschen an den Stielen zusammenbinden.

**3.** Den Apfel und die Birne vierteln, schälen und entkernen, in dicke Spalten schneiden und sofort mit Zitronensaft beträufeln. Alle Früchte dekorativ anrichten.

**4.** Das Butterschmalz im Fonduetopf auf dem Herd schmelzen lassen und erhitzen, eventuell den Schaum abschöpfen. Auf dem Rechaud heiß halten.

**5.** Den Ausbackteig nochmal durchrühren und in zwei oder drei Schälchen (je nach Personenzahl; ein Schälchen reicht für zwei Personen) bereitstellen. Den Zimtzucker dazustellen.

*Am Tisch* spießt jeder Zutaten seiner Wahl auf seine Fonduegabel und tunkt sie in den Teig. Überflüssigen Teig etwas abtropfen lassen, die Fruchtstücke dann ins heiße Fett tauchen und ausbacken. Am Topfrand, eventuell zusätzlich auf einer Serviette, abtropfen lassen. Mit Zimtzucker bestreuen.

**Variante:**
Nach Geschmack noch Salbeiblättchen bereitstellen. Gut schmecken auch gebackene Bananenscheiben.

# Rezept- und Sachregister

# Einladen & Genießen

**D**ie Bände der **Teubner Edition**, man darf es ohne falsche Bescheidenheit vermerken, haben Maßstäbe gesetzt in Sachen Kochkunst-Buch – und sorgen mit jedem neuen Band immer wieder für kulinarische Furore: Die edel (um nicht zu sagen: luxuriös!) aufgemachten Bände der **Teuner Edition** sind einfach eine (Spitzen-)Klasse für sich. Gourmets wissen das längst. Und so warten denn Profis und Praktiker, „besternte" Küchenchefs und anspruchsvolle Hobby-Köche alle Jahre wieder auf ihr einzig wahres Weihnachtsgeschenk...

**I**n Raclette, heißem Stein und Waffeleisen stecken kulinarische Möglichkeiten, die es zu entdecken gilt! Für gelungene Einladungen ohne Streß, zum Beispiel – da gibt's hier seitenweise interessante und neue Rezepte und verblüffende (Planungs-)Tips! Auch für Einladungen und Tischdekorationen.
120 Seiten, 70 Farbfotos, Großformat. **34,80 DM**

Sein hoher Stellenwert in der feinen Küche kommt nicht von ungefähr: Ernährungsbewußte Feinschmecker schätzen – neben der nicht alltäglichen Gaumenfreude – vor allem den geringen Fett- und Kaloriengehalt des echten Naturprodukts „Wild".
Das Nachschlagewerk par excellence!
216 Seiten, 700 Farbfotos.
**128.- DM**

Lieblingsthema der leichten Gourmet-Küche: Schal- und Krustentiere – Delikatessen aus dem Meer, meisterhaft präsentiert.
208 Seiten, über 500 Farbfotos. **118.-**

Fischküche – Meisterküche: Dieser aufwendig gestaltete Prachtband läßt keine Frage offen.
240 Seiten, 800 Farbfotos
**118.- DM**

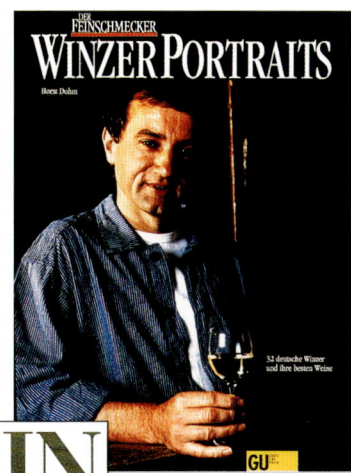

**Angelika Ilies**
Wahlmünchnerin mit Hamburger Kennzeichen, arbeitet engagiert und erfolgreich als freie Autorin und Food-Journalistin. Der Start in die Karriere begann direkt nach dem Ökotrophologie-Studium – mit einem Umweg über London, wo sie in einem renommierten Verlag Redaktionsalltag erlebte und gleichzeitig die internationale Küche beschnupperte. Zurück im eigenen Land stärkte sie 4½ Jahre lang das Kochressort der größten deutschen Foodzeitschrift; seit 1989 verdient sie sich Sporen und Brötchen in Eigenregie.

**Pete A. Eising und Susanne Eising**
haben sich ausschließlich auf Food-Fotografie spezialisiert. In ihrem Studio für Lebensmittelfotografie entstehen anspruchsvolle Food- und Getränke-Aufnahmen. Zum Kundenkreis gehören Werbeagenturen und Industrieunternehmen, Zeitschriftenredaktionen und Kochbuchverlage.
An das Fotostudio ist eine Bildagentur mit Sitz in München und der Schweiz angeschlossen, selbstverständlich mit dem Hauptthema Food.
Martina Görlach ist im Studio für die Requisite zuständig und wirkt auch bei der fotografischen Gestaltung mit.

Umschlag-Vorderseite:
Das Farbfoto auf der Umschlag-Vorderseite zeigt den Gemischten Feuertopf (Rezept Seite 43), auf der Umschlagrückseite das Klassische Fondue bourguignonne (Rezept Seite 22).

Die Deutsche Bibliothek –
CIP-Einheitsaufnahme
Ilies, Angelika:
Fondue und Feuertopf / Angelika Ilies.
– 1. Aufl. – München:
Gräfe und Unzer, 1993
(GU Einladen und Geniessen)
ISBN 3-7742-1557-X

1. Auflage 1993
© Gräfe und Unzer GmbH, München.

Redaktion: Birgit Rademacker
Lektorat: Adelheid Schmidt-Thomé
Typografie und Umschlaggestaltung:
Studio Greif
Herstellung: Ulrike Laqua
Fotos: Foodfotografie Eising
Satz: OK Satz GmbH, Dachau
Reproduktionen: ORD Offset-Reproduktionen, Gronau/Westf.
Druck und Bindung: Neue Stalling, Oldenburg
ISBN: 3-7742-1557-X